儿子不会告诉父母的事

What your son isn't telling you

[美] 迈克尔·罗斯（Michael Ross） 苏西·谢伦伯格（Susie Shellenberger）/ 著　杜 冰 / 译

中国长安出版社

图书在版编目（CIP）数据

儿子不会告诉父母的事 /（美）罗斯（Ross, M.），（美）谢伦伯格（Shellenberger, S.）著；杜冰译.-- 北京：中国长安出版社，2012.3

书名原文：What Your Son isn't Telling You

ISBN 978-7-5107-0506-9

Ⅰ.① 儿… Ⅱ.①罗… ②谢… ③杜… Ⅲ.①男性－青春期－家庭教育 Ⅳ.①G78

中国版本图书馆CIP数据核字（2012）第039877号

儿子不会告诉父母的事

[美]迈克尔·罗斯　苏茜·谢伦伯格 著　杜冰 译

出版：中国长安出版社

社址：北京市东城区北池子大街14号（100006）

网址：http://www.ccapress.com

邮箱：ccapress@yahoo.com.cn

发行：中国长安出版社　全国新华书店

电话：（010）85099947　85099948

印刷：北京金瀑印刷有限责任公司

开本：889mm×1194mm 1/32

印张：8

字数：120千字

版本：2012年4月第1版　2012年4月第1次印刷

书号：ISBN 978-7-5107-0506-9

定价：26.00元

版权声明

目录
Contents

引　言

男孩的秘密

Introduction: Mysteries of the Guy Zone

想象一下，假如你青春期的儿子敞开心扉，无拘无束地和你分享他内心中的真实想法，你大概会昏倒，不是吗？

还有，如果他某天从学校回来，张口说出的话竟然完整而清晰，一反往常嘟嘟哝哝、含混不清的样子，你恐怕都要惊得报警了："喂，警察吗？我这儿好像来了个骗子，他说是我的儿子，但我了解自己的儿子，这个是冒牌货！"

在现实中，那个曾经同你亲昵无比、整天让你耳根不得清静的小男孩，正在开始同你疏离。那个小小子已变成了大小伙儿，竟声称你的拥抱是对他个人空间的"侵犯"。很反讽，不是吗？恰恰在你儿子最为需要父母的帮助时，他却自我封闭了。父母们拼命想知道问题出在哪里：

- 我试着同他轻松地交谈，结果却变成了一场争论。
- 我试着向他提建议，但他根本不听。
- 我对他和颜悦色，他却对我耍脾气。

这些抱怨很耳熟吧？如果你已经开始失去耐性，请别灰心。在累计长达50多年的同青春期孩子打交道的经验中，我们看到，男孩的外表看似像外星人一样不可捉摸，但满脑子都是希望、梦想、恐惧、疑问，以及一大堆各种各样的严肃想法，只需稍加鼓励，他便完全可以向他人倾诉，特别是向自己的父母。因此，无论你感到有多为难，我们鼓励你去尝试与孩子沟通。

在儿子的生活中，你的影响力是最大的，尽管他经常加以掩饰，但你的支持对他而言无与伦比。这就是为什么我们坚信，你同儿子之间的沟通，除了“哼哈”、“我不要”之外，还能激发出更为有效的沟通方式，能够培养起更亲密的关系。

怎么做呢？以下三条基本的相处之道便是开门的钥匙，它们会帮你打开儿子的世界。

“请记住：我不是你！”

第一条相处之道是同情。经年累月，我们收到了上千封来自青春期孩子的电子邮件，并且同来自世界各个角落的有着各种各样生活背景的年轻人进行过交谈。我们所遇到的男孩通常会向他们的父母传递相同的信息：“别总谈论你们的感受，来谈谈我的感受——现在，马上！请留意一下我的世界、我的感情，请努力理解我的处境。”

本书会在这方面给予你帮助。在书中，你将听到青春期男孩的真心话，你将看到一个难得一见的神秘天地：这是一幅常常被残酷气氛所笼罩的图景，充满了孤独和对同伴的恐惧，一个身处其中的男孩，如果想要被认定为一个男子汉，就必须屈从于一套残酷的、冷冰冰的法则——永远做一个硬汉，从不向人示弱，绝不流露真情实感。

你将看到男孩们的所思所感，并了解到当他们面对众多挑战时，需要从你那里得到什么样的帮助：他们要对抗欺凌，要进行自我认知，要抗拒色情和肉欲的引诱，要节制性欲，要面临同性恋的困扰，要避免毒品、酗酒和社会环境的不良影响。

“信任我，我才能信任你。”

第二条相处之道是信任。“信任是我最渴望从父母那获得的东西。”一个男孩告诉我们。“当他们怀疑我吸毒或惹是生非时，我毫无办法。我其实并没有做那些事，我需要他们相信我，即使会有坎坷，我也是个好孩子。”

现在，再听一下另一个男孩的沉痛描绘，他为无法获得父母的尊重而备感煎熬：“信任感在我们家早就破碎了，妈妈和爸爸总这样对我说，‘不许喝酒抽烟，不许撒谎打架，不许骗人！’但他们自己总在做那些事，我怎么可能对口是心非的人言听计从呢？即使他们是我的父母。”

信任是脆弱的，并且有时是非常难以建立的，但信任对每一个孩子都是异常重要的。当你的儿子全身心地接纳其他成年人（比如他的教练、老师、辅导员），却独将你拒之门外时，最首要的原因便是信任问题。

我们将指导你处理有关信任的难题，还会让你看到为什么赢得被倾听的权利对建立信任感格外重要。

“请保持亲密，但也给我空间。”

毫无疑问，在儿子从青春少年步入成年的过程中，他同你之间进行着一场“争取独立的战争”，充满紧张的对抗并绵延不断。

“当妈妈爸爸没时间管我时真让人伤心，”一个小伙子告诉我们，“但当他们过分殷勤时也同样令人沮丧。我需要一些自由的空间，让我自己去尝试，并允许我失败，我能够渡过难关，变得比以往更加强大。”

第三条相处之道是：持续一致的、协调的相互关系。这意味着要设定一些标准……并知道何时需要冷静的思考；这意味着你时刻要在较真还是放手之间进行调整。总之，这意味着你天天都要关注儿子的世界，并且还要让他走进你的世界。

“我想同父母有更深层的交流，”一个十几岁的男孩说，“我需要听到他们说，‘我爱你。’‘我为你感到骄傲。’‘我对你有信心。’我需要他们关心我。”

请记住：青春期男孩是紧张不安的。他会感受到持续不断的压力，迫使他要在课堂上、运动场上，特别是在朋友间证明自己。此时，他是如此地需要改变，无论他是否愿意承认，他的内心深处都渴望获得家庭成员的支持和鼓励，同时，也渴望着被同伴接纳。

面对这个巨大的、令人恐惧的世界，你的儿子盼望着你的教育、保护和关怀。

这些事他是不会告诉你的。

第 1 章

男孩的世界什么样

How a boy' s World
Looks and Feels

珍娜·史密斯不愿对她十几岁的儿子尼克丧失信心。

尽管稍早些的时候他们狠狠地吵了一架，尼克说了一些令人心碎的过火的话，但珍娜清楚，尼克是个好孩子，并且正经历着艰难的时期：他倾慕的姑娘拒绝了他的追求；学校里的一些孩子总在找他的麻烦；他也没能进入篮球队。

“宝贝，你怎么一点面条都不吃呢？”她在晚餐时对儿子讲，“你该吃点东西，否则要生病的。”

尼克对珍娜投来幽怨的一瞥，“太晚了，妈妈，”16岁的儿子恨恨地说，“我已经病了，我天天都在生病，我的人生完全出了毛病！”

“那么你就不必吃了，”珍娜说，“我们来谈谈吧，告诉我，你心里怎么想的？”

“我爸爸在哪儿？”尼克问。

“他在加班——”

“总是这样！”尼克打断了珍娜的话，气愤地嚷道，“他从不见人影，总是你和我，我们这不是真正的家庭，所有的事都一团糟，我再也受不了了。”

不等珍娜搭话，尼克就站了起来，把叉子往桌上一扔，“听着，我不想同任何人说话。”他甩下这句话，冲出了餐厅。

珍娜把食物推到一边，跌坐在自己的椅子里。近来，尼克的情绪非常不稳定，珍娜尝试着与他交谈，但都被他拒绝了。筋疲力尽的母亲开始变得惊慌、困惑和绝望了，她渐渐地开始失去耐心。

此时，她独坐在餐桌前，不禁想起了早些时候从《圣经》上读到的一段话：

你不要害怕，因为我救赎了你。我曾题你的名召你，你是属我的。你从水中经过，我必与你同在。你趟过江河，水必不漫过你。你从火中行过，必不被烧，火焰也不着在你身上。因为我是耶和华—你的神，是以色列的圣者你的救主。(《弥赛亚书》)

珍娜揉揉眼睛，深深地吸了口气。尽管我知道我必须虔信，但我几乎不堪忍受了；我知道我必须坚强，不要让我的至爱就这样被夺走。

过了些时候，珍娜静静地站在儿子的房门外，满腔心事，化成了默默的祷告：主啊，我知道尼克并非有意而为，我还知道我应该帮他变得坚强。现在，我要比以往更加主动地关心他，请赐给我力量，让我的措辞得当、举止妥帖，最重要的是，别让我失去他。

敲响了房门，“尼克，我能进来吗？”

“随便。”

珍娜推开房门，“我只是想道声‘晚安’……或许还可以

青春期男孩易沉溺于游戏、色情等。面对自己身体开始发生变化，他们开始渴望有自己独立的空间。

拥抱一下。”

尼克只是眨眨眼。

珍娜坐在了床边上，拥抱了自己的儿子。

来自边缘的明信片

有一些好消息要带给筋疲力尽的母亲们：你可以提高同自己儿子的沟通水平，引导他理清内心纷乱的情感，在家中培育出融洽的家长与子女的关系，那么如何做到呢？你和丈夫必须要了解青春期男孩独特的想法和感受……还要对孩子的世界充满兴趣。

以下是孩子世界的概貌：

- 他必须适应风云突变的气氛：一会儿是充满乐趣的、孩子般的玩耍，一会儿又变成了粗暴、冷酷的打斗。
- 他在同学中的知名度要靠能否吸引女孩子来衡量。
- 对他而言，被拒绝比去死还糟糕。
- 他像渴求食物一样渴求独立。
- 他痴迷于异性。
- 他片刻不能控制自己的情绪。

你可能在想，**嗨，这不是在描绘我自己的青春岁月吗！**（是的，有些事从不会改变。）不过，尽管有些核心问题是几代人所共有的，但现今的高科技世界，还是同你我年轻时的世界有着巨大差别，你儿子的世界被更紧密地联系在了一起，因此也变得更加纷繁复杂。

随着计算机技术的爆炸性增长，世界各地的孩子们可以非常容易的互相影响。而且，家庭问题在这个时代凸显了出来，离婚率居高不下，即使是基督教家庭也难于幸免；同时，高科技玩具同低俗的价值观与罪恶紧密地结合成一体，被大量的下载，并前所未有的被众多的孩子所接触。

考虑到这些因素，还是让我们来审视一下男孩成长的每个阶段，看看他们所面临的关键问题，以及你如何能够引导孩子度过青春期的种种挑战吧。

前青春期（10~13岁）：

预备启程

§ 我热爱音乐和体育，我房间的墙上贴满了所喜爱的人物的肖像，妈妈认为我过于着迷了……但我觉得，这太酷了。

——坦纳，12岁

§ 女孩们时时刻刻给我打电话和发短信，我父母对此有些生气了，但我喜欢这样。他们总跟我谈这事，我讨厌极了。

——查德，12岁

§ 我得承认自己对电子游戏着了迷，它们太不可思议了。但爸爸妈妈却忧心忡忡的，总是跟我讲要到户外去玩，要加强锻炼等等。

——约翰森，11岁

在孩子13岁生日前后，大多数男孩开始了转变，从一个热情的、天真的小男生，变成了一个情绪难以琢磨、常常难以理喻的小“怪人”，即我们常说的青春期男孩。用一个词可以很好地概括孩子生命中的这个阶段：**变化**。

青年问题专家加里·亨特（Gray Hunt）牧师谈到，“无论生理上的性发育是否到来，中学生的心态已经引导着他们从儿童期进入了青春期，从一个时期的终点进入了另一个时期的起点。如果青春期是连接儿童时代到成年时代的桥梁，那么中学时期便是连接儿童岁月与青春岁月的桥梁。”①

前青春期男孩的父母必须为孩子所要开始的旅程提前做好准备，以下所列的三项是其中的关键：

缓解孩子的恐惧感。你可以这样告诉他：“很快，你体内的荷尔蒙将会涌动，你将开始从男孩转变成一个男人。”

向孩子解释长成男人是遗传所决定的。男孩的发育过程同父亲是相似的，因此父亲可以坐下来回答孩子的一些问题：自己在多大时开始长高，多大时开始了性的发育。以及如何应付这些可怕的身体变化。

时刻不断地提醒他记住自然规律。尽管孩子在学校或更衣室中会看到许多形状各异、胖瘦不同的身材，他仍能安心地觉得自己是正常的！他是万能造物主的杰作，他的发育节奏是毫无问题的。

---

① 加里·亨特和安吉拉·亨特（Gary and Angela Hunt），《前青春期生存法则》（*Surviving the Tweenage Years*），San Bernardino, CA: Here's Life Publishers,1988,p12.

牢记前青春期男孩所具有的极端性

- 极端的英雄崇拜
- 极端地回避父母
- 极端地迷恋某人，但通常不会持续太久
- 极端的幽默
- 极端的精力充沛

青春期早期（13~15 岁）：

变得面目全非的孩子

§ 我下身还没有任何毛发，实际上，我的脸和身体看起来不像个小伙子，还和那些小学生一样，我没事吧？

——乔纳，15 岁

§ 我总是勃起——经常在令人尴尬的时候，比如当一个姑娘走来和我打招呼时，这太难堪了，我好像个色鬼似的。

——安德瑞，14 岁

§ 我讨厌自己的身体，那些和我同龄的家伙们都满身肌肉了，而我又瘦又矮，还长了一脸的雀斑，生活真是糟透了。

——布莱顿，15 岁

《时代周刊》（Time）的记者南希·吉布斯（Nancy Gibbs）如此描绘青春期早期，“这是一段童年将尽而成年又迟迟不肯露面的岁月，此时，世界突然接近了，生活的色彩更加生动，许多规则都被无休止地争来吵去。”①

男孩到了这个年龄，身体就像一个化学实验室，充溢着各种各样新的反应变化。经受着所有这些在体内（或体表）所发生的变化，他不禁会问自己，这正常吗？我正常吗？

也许他比同龄的孩子一下蹿高了10厘米；或者他的同伴在长高，而他觉得自己出了问题。重要的是，你要持续不断地缓解他的恐惧，让他相信自己的发育完全在正常之列。

告诉他这些：“你的身体在发生变化，这会让你看起来焕然一新。偶尔的，你可能希望自己能找个地方躲起来，但你要试着耐心一点，等到这些发育过程结束时，你会喜欢自己新的样子。”

儿子的自我认知也可能会部分的改变，“他会像扔掉你给他买的衣服一样，轻易地抛弃你加给他的自我形象的认知，”加里·亨特指出，“他在这个阶段所形成的改变，一部分将最终融进他的人格中，其他一些则会逐渐消失掉。”②

在青春期早期，有一点格外的关键，即你要帮助儿子搞清楚他生活中的另一样重大的变化——性觉醒。一般到了这个阶段，孩子可能已经对性问题产生了浓厚的兴趣。不过可悲的是，他对性的大部分知识往往来自于同伴，其中包括了很多有关女孩的错误信息。另外，通过各种传媒，你儿子会

---

① 南希·吉布斯（Nancy Gibbs），《13岁意味着什么》（“What Does It Mean to Be 13?”），*Time, July 31, 2005, www.time.com/time/magazine/article/0,9171,1088701,00. htm.*）

② 加里·亨特和安吉拉·亨特，《前青春期生存法则》（*San Bernardino, CA: Here’s Life Publishers, 1988*），p12.

持续不断地受到性信息的“轰炸”。因而，父母必须要进行干预，与孩子一起交流有关性问题的真相。

作家比尔·博赛（Bill Beausay）在其著作《青春期男孩》（*Teenage Boys*）中写到，“在青春期的孩子身上，由于受到荷尔蒙的支配，性能量是一种狂野得令人惊异的力量，它在18岁时达到顶峰，并要持续作用很长、很长的时间。”①

青春期中期（16~17岁）：

驶向独立

§ 我真希望父母能多给我些信任，别老把我当成挂尿布的小孩子了，我在长大，我能照顾好自己。

——查德，16岁

§ 我猜你可能把我归到天性敏感的那一类，我确实不喜欢体育或户外活动，我更愿意读书、写作和画画。但有些家伙因此嘲笑我，称我是娘娘腔，如果一个男孩的举止不够粗野，他便有问题吗？

——托马斯，16岁

§ 我几乎长成一个男人了，但我从没吻过一个女孩，我甚至连女朋友都没有过，我感到恐慌，也许我真的让女孩们讨厌。

——内森，17岁

① 比尔·博塞（Bill Beausay），《青春期男孩》（*Teenage Boys*），Colorado Springs：WaterBrook,1998, p132.

开车、约会、打零工，无论你是否喜欢这些，你的小男孩（也许个子都比你高了）的的确确在长大。在这个发展阶段内，你和儿子之间很可能生动地上演一幕充满情绪化的“战争”。这是孩子成长中所要经历的正常阶段，心理学家们将之描绘为“独立战争”。孩子一步步在通往成人世界的道路上前进，他逐渐地从父母那里独立出来。

同时，你又该怎样顺利迎接这些发生在家中的“狂风暴雨”呢？当你不能认同孩子的某项需求，即将爆发争论时，你该怎么做才能缓解矛盾，甚至借机增进你同儿子的关系？

首先，你要努力理解争吵的原因。青春期男孩对许多事情都特别敏感，其中包括：公平、自我价值、独立、隐私和爱。无论他是否愿意承认，实际上他一直都在寻找自己行为的界限，因此会做出许多的试探行为，其中的一种是你会常常听到他说，“你真的足够留心我防止我做蠢事吗？你关注我吗？你在乎我做的事情吗？在乎我成为什么样的人吗？”

其次，你应该知道，有一把打开他心扉的钥匙，可以帮助你同孩子建立起有效的沟通，这把钥匙便是信任，信任非常脆弱，有些时候还极难建立起来，但信任确是无比重要的。

让我们从两个方面来看看信任是如何帮你了解儿子在学校里的情况，又不会让他觉得隐私受到了侵犯。

信任可以使孩子愿意听你讲话。难道仅仅因为你是父母，孩子就会认真听你讲话吗？在现实世界里，情况往往并不如此。你儿子所注意的往往是现在的事情，他可能并不会认真考虑你经年累月为他所做出的种种牺牲，或者你有多么的爱他。相反，他会立刻想起你的某些不公平行为来。比如，你“无数次说话不算数”，你为他不愿做某些事而唠叨个没完，总推说自己太忙了等等。即使你无意成为一个完美的家长，但建立起足够的信任，让孩子愿意听你讲话仍是非常重要的。那么如何做呢？你应该从下面这步开始。

要建立起信任来，就必须对孩子关注。通过对孩子说，“我的儿子，你的生活非常重要，我会为此多花时间的。”让孩子感受到父母的爱。当你花时间陪他时，也就向他展示了你愿意倾听他说话，愿意同他交谈并一起做事。你要进入他的世界，同时也让他进入你的世界。

青春期后期（18岁以上）：

积极融入世界

§ 我真想猜出上帝会怎样安排我的生活，现在，我对高中后要做什么毫无概念，但我不愿碌碌无为，我想在这个世界上有所成就。

——赞德，18岁

§ 我爱上了一个姑娘，她拥有我期望的所有品质，包括对上帝虔诚的信仰。尽管我们相识才一个月，但我相信我已找到了自己的妻子。我们想要结婚，但我父母不答应，他们说我们还太年轻，不懂得何为认真的爱情，尤其不了解婚姻。他们想让我还是先上大学。

——乔希，19岁

§ 我真的很纠结，我到底是谁？一个球员？一个歌手？

一个牧师？实际上，我在高中里过得很轻松。但想到了要搬出去自己住，还是吓着了。当然，我不能再和父母待在一起了，我们总在争吵，我真的需要自己的空间。

——约翰·马克，18岁

到了18岁，你的儿子已接近青春期的终点了，同时也意味着他要开始一段新的历程：成年时光。

孩子憧憬未来，一心要开始自己的人生。可是，一旦他离开你，获得了独立的机会，他是否会丢掉了信仰？他是否能成为一个坚强的男人？他是会努力实现自己的希望与梦想，还是要滑下堕落的泥潭？

这是一个非常好的时机，你可以向孩子讲明独立生活的可喜之处和可虑之处。

可喜之处：独立！他不用再和烦人的兄妹们发生冲突了，也没了到点熄灯睡觉的约束，也再不用听父母没完没了的唠叨了，那些都已成了青春期黯淡的记忆。

可虑之处：独立！当他惹了麻烦，再也没有父母、兄弟来解救他了。他所一直依赖的支援系统没有了（或者至少是换成了别的形式了）。

你可以对他这样说："你，只有你，将为自己的行为负责。努力做出正确的选择吧，但也要为错误的选择承担后果，总之，诸事要自己担当。因此，是时时投机取巧，还是坚定地恪守信仰？全在你的选择。

现在，是该由孩子做决定的时候了。无论你喜欢与否，前面的日子都充满了各种各样的诱惑，但作为父母，你只能放手，让他寻找自己的未来。

发生了什么

（男孩性成熟的五个阶段）

从男孩到男人，这段旅程十足是一个奇迹。正如你已经知道的那样，一切都来得非常匆忙，似乎可以用“蹿长”这样的词来描绘，“他蹿得太快了，几乎没有衣服能给他穿了。”

注意，由于青春期快速的发育成长，有些孩子在一年中可能长高10厘米。

在青春期里，年轻人将长出一副新的模样：发达的肌肉，成人般的体毛，更别提雀斑了；他也会产生强烈的性欲，而这一生活现实却是许多家长极力回避或否认的。伴随着性觉醒，年轻人会常常遇到尴尬的情形：经常性勃起。大多数男孩都对可能在公共场合勃起感到恐惧，尤其是在更衣室和游泳池。

基本原则是：你儿子对所有的这些变化都会极端敏感，所以你要有耐心，要对他的尴尬境遇和狂暴情绪抱以同情。你要给他更多的私密空间，并且千万不要拿他的生理变化开玩笑。如果你取笑他，他将很快地把自己封闭起来。

你儿子的身体里究竟将发生怎样的变化呢？让我们来了解一下青春期孩子所要经历的每一个发展阶段吧。

9~11岁：在他体内，男性荷尔蒙开始活跃，这些荷尔蒙在血管中涌动，作用于睾丸，使其产生睾丸激素和精子。这意味着：当这些荷尔蒙完成了它们的任务后，你儿子将不再对女孩们麻木不仁了，相反，他开始深深地被女孩们所吸引。

12~13岁：他的睾丸开始发育并下垂，阴毛也出现在其阴茎的周围。睾丸酮激素开始改变他的身体，胸部和肩膀上的肌肉越长越大。

14~15岁：他的阴茎变长并稍稍变粗了，阴毛变得又黑又硬。胡须和腋毛也开始生长，同时生长的还有腿毛。他的声音变得低沉，有时候甚至有些沙哑；他将经历自己的首次射精，一些夜晚可能会遗精。这让他感到有点困惑，但很可能他不愿谈论此事。作为父母，你的工作是让他相信，这一切都绝对正常。

16~17岁：他将注意到阴茎又一轮快速发育，更多的体毛出现了，使他看起来更像个成人了。

18~19岁：他的身高和体型达到了成人的水平，阴毛扩散到了大腿上，并攀爬到了腹部。他可能也长出了胸毛，同时刮胡子成了必须要做的事情。

窥探男子汉的大脑

同青春期的女孩不同，男孩经常为如何表达自己的情绪犯难，经常的，他们只能采取突然爆发的方式。这是为什么呢？

首先，让我们将时间向回推移一些，回到儿子的胎儿期，在受孕后的第16周到26周。

在这个阶段的某个时候，睾丸激素将他的大脑男子化了，使他日后会以男人的方式来思考。在睾丸激素作用下，数以百万计的连接左脑语言中枢和右脑情感中枢之间的神经被摧毁了。

人类发展学教授唐纳德·乔伊（Donald Joy）博士如是解释了这一发展过程：

> 当男婴还孕育在母亲子宫里时，一些有趣的事情在他的大脑中发生了。母亲体内的雄性激素同婴儿正在发育的睾丸所分泌的睾丸激素结合到了一起，形成霜状的化学涂层，覆盖了男婴的整个左脑。这一涂层是上帝用来使男孩男性化的方法，结果，男人具备了专注的能力，可以不受干扰的专心致志地做任何事情。[①]

乔伊博士说这就是为什么男孩在用语言表达自己的思想和感情时会非常困难；这也解释了为什么许多男孩会通过强烈的爆发来释放自己的感情：他们会突然地暴怒、摔门、用拳头砸墙、同兄弟们打架等。过后，他们会将自己封闭起来，沉浸在一些需要集中注意力的活动当中，比如电脑游戏。

父母该做什么

你的儿子受着睾丸激素的支配，正处于人生的一个新的阶段，即所谓的高辛烷青春期。现在，他开始像男人一样思考，他迫切需要从你这里得到的是明辨是非的标准。

---

① 唐纳德·乔伊（Donald Joy），《性别，力量以及成为男人的秘密》（*Sex, Strength and the Secrets of Becoming a Man*），Ventura, CA: Regal Books, 1990, p83.

你儿子需要向你学习正确处理情感问题的技巧，从而渡过难关。但与此同时，不要强迫他用那些让他感到别扭的方法来表达自己的情感。

下面这些方法可以帮助你同儿子进行有效的沟通：

让他有机会独处。男人需要有独处的时间将面临的问题想清楚，你要给他一些空间。

当他做好准备之后，要让他讲话。为了更好的沟通，你要随时准备洗耳恭听。

允许他用自己的节奏来表达心声。永远不要逼他说出所有的细节，这可能会使他更加自我封闭。

让他知道对你表露感情是安全的。这最后一步需要花费时间和耐心，通过你对他的接纳态度，来培养他对你的信任感。

记住：一切事都在变化中

对于不断变化的身体和通向成年的旅程，一个青春期男孩作何反应，一般依赖于家人和朋友的反应，以及自己的个性。假如你的儿子知道将要发生的变化是什么，并且你能鼓励他轻松对待身心上的变化，那么他对性发育可能就不会过分忧虑；假如他能满怀信心地进入青春期，身体上的发育往往给他带来的是愉悦而不是尴尬。

这儿有一个极好的方法来帮助儿子，即：试着进行换位思考。你要花些时间，回忆一下当你处于青春期时是怎样的情况，哪些方面的生理发育最让你感到尴尬？你的感受如何？你自己的父母对这些困扰你的事情是否知情？他们曾同你讨论过这些问题吗？然后请想象一下当初你期望父母做些什么。

你要对儿子身体所发生的变化保持敏感。如我们先前所强调的那样，永远不要拿孩子的身体发育开玩笑，比如身高、体重等；也永远不要用讽刺嘲笑等方法作为激励的手段。

总之，要尽最大努力降低身体因素对孩子自尊心的影响程度。事实上，我们的文化给予了过多的关注在人的外表上，而对其他重要的技巧和才能不够关心。

下面请听一下一个年轻人是如何描绘他的青春期岁月的，和他赖以生存的秘密。

我恨那些初中时的日子，学校里尽是些残忍的孩子，老师也好不到哪儿去。但我的父母令情况发生了改变，他们使我的青春期变得好了起来。

在我最需要的时候，爸爸总出现在那里，并且妈妈也从没有停止对我的鼓励。那时，朋友们对我来说也非常重要，但他们从不能取代我的父母。在我的一生中，妈妈和爸爸总是告诉我，他们爱我，并永远支持我。这些信息总是浮现在我的脑海里，尤其是当朋友们怂恿我去做错事时。

我没有让自己陷入愚蠢的境地，而是向父母寻求建议，我信任他们说的话，相信他们能够帮助我做出好的决定。我如今的一切都要归功于我的父母。

——肖恩，19岁

第 2 章

怎样解救受欺凌的男孩

Breaking the Code of Cruelty

下一次当你置身于儿子的校园时，不妨环顾一下四周，你能看到些什么呢？一个个的小团伙，这一群那一伙的男孩们和女孩们似乎被一条条看不见的线所分隔，彼此之间好像从不越界。

一群样子很酷的孩子们占据了教室的一角，衣着传统的孩子们、样子严肃的孩子们、玩滑板的孩子们、玩电脑的孩子们、吸毒的孩子们，各自都占据着自己的空间。

这并不公平，甚至可称作残酷，但可悲的事实是：你的儿子被评判、被归类，并被强行归入某个严格的社会团体。而且，他每天都要应付一个充满敌意的世界，欺凌和被欺凌随处可见，所流行的规则是弱肉强食。

经常的，男孩们躲进了孤独的牢笼之中。他们感到束缚和恐惧，因此便将自己的感情藏在坚强的面具后面，从不表现出畏缩的样子，生怕受到同伴们的羞辱。

这是一种致命的混合，只要问问15岁的安德鲁便能对此有所体会。

没完没了的嘲笑，持续不断的羞辱，安德鲁已到了崩溃的地步，他躺在一个篮球场的地上，身体扭曲着，像一个被捏瘪的易拉罐。

“你个十足的窝囊废。”一个揍他的孩子如此讥笑道。

“别想同我们比投篮了，”另一个孩子喊着，“你们队差得远呢，笨蛋。”

突然一声哨响，男孩们四散而去，扔下了安德鲁。

“这是怎么了，孩子？”学校的篮球教练嚷道。

安德鲁抬起头，竭力忍住泪水，“他们恨我，”他嘟囔着，“所有人都恨我，我又瘦又笨，我不是个体育棒子。”

“听着，你只是不擅长运动。”教练回答道，并帮着安德鲁站起来。“别哭哭啼啼的，要像个男人，坚强起来，继续努力吧。”

安德鲁的头开始摇晃起来了，如果这就是男人的世界，他可不想要它，有些事必须改变。

在许多校园里，欺凌是一个残酷的现实，无论有些人怎么评论此事，这都不是一个有趣的、无关紧要的现象。

“不断地遭人取笑摧毁了我的自信，”安德鲁说，他正在上大学，拼命地想找到一种方法使自己将来的孩子免受欺凌。“以前，教练、老师、家长总对我说同样的话，‘别理它们，被欺凌是成长的一部分。’我感到孤独和无法解脱，我不断地告诉自己，‘一定得做点什么。’”

在当今充满敌意的男人文化中，男孩们必须忍受伤害和羞辱，在这个世界里，不惜一切代价去适应比关心和理解他人更重要。

有这样一个例子，15岁的大卫是个画画的天才，他梦想着有朝一日经营一家自己的漫画书公司，甚至在纽约最高级的画廊里展出自己的杰作。但他感到，学校里的其他男孩们

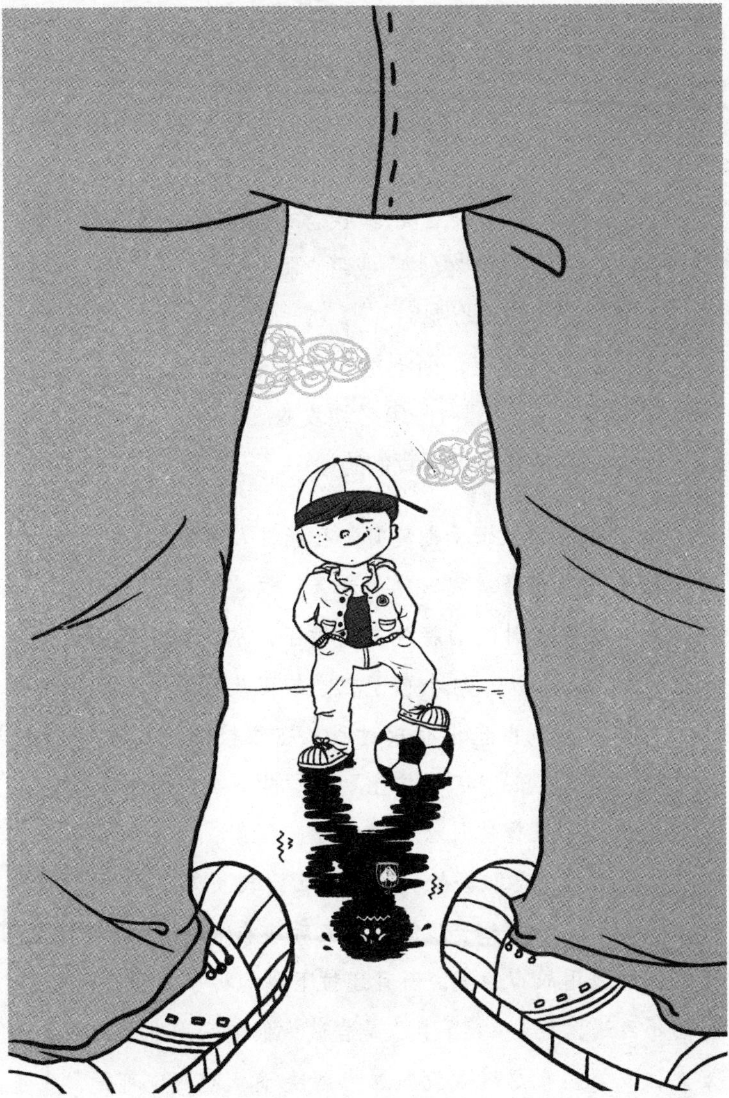

经常，男孩们躲进了孤独的牢笼中，他们感到束缚和恐惧时，就将自己的感情藏在坚强的面具后面，生怕受到同伴们的羞辱。

只关心一件事：到聚会上去结识姑娘。尽管他为自己的才能和光明的未来激动不已，但他仍不禁注意到，这个年龄的男孩大多抱有及时行乐的态度，这使大家都觉得只有现在是重要的。

“这事真疯狂，”大卫说，“我忍不住想我是不是出了什么毛病，一些家伙叫我‘怪物’或者‘乖小子’，我真的很受伤，为什么他们都这样残忍呢？”

欺凌是一种虐待，而不是儿童之间的游戏。因而，正像安德鲁所讲的那样，“有些事必须改变。”

下面是其他男孩告诉我们的……

§ 当我在学校遭受欺凌时怎么能没人管我呢？一个月来，有个孩子一直在骚扰我，我烦透了。这全都是因为一次严重的事故。在九岁时我的膀胱被刺破了，从此我不得不戴着膀胱保护装置。一次，这个孩子在学校卫生间看到了我在换尿不湿，他从此就再也没有放过我，在学校的大厅里嘲笑我，称呼我“尿布男孩”和“大宝宝”这类的外号。我告诉了校长，但校长说没有证据他什么也做不了。所以，第二天我用手机偷偷录下了那个男孩骚扰我时的情形，校长停了他三天的课。我过了三天安稳的日子，但他回来后却非常恼怒，开始打我，逢人便讲我用尿布的事，而且还拉下我的裤子证明给大家看。我怒不可遏，但《圣经》上总是告诫人们要采取非暴力的解决方式，我妈妈也总对我说靠暴力解决不了问题。可是，我不敢去学校了，我真的没法应付这些，我也想不出一点办法。

——乔希，14岁

§ 朋友们说我是学校里最聪明的孩子之一，但有一个男孩却不断地惹我，嘲笑我是一个蠢蛋。更糟的是，我的一个所谓的朋友也跟着他起哄。我求助过父母，也和校长谈过这事，并且我祈求上帝帮助我，但我都没得到任何答案。请帮帮我啊！

——亚伯拉罕，15岁

§ 我的父母和辅导员曾告诉我，要为欺负你的人祈祷。最近，我试了一下。在学校吃午饭时，我凑近了一个总嘲笑我的男孩，坐在他对面，然后说，“我能为你祷告吗？”这引起了他朋友们的哄堂大笑。于是，他站了起来，揪住我的领子，开始向垃圾桶那儿拽我。我当时脑袋里想：我不能让他如愿。所以，我把他打倒在地。但这下可不妙了，他向我冲过来，我连忙逃跑。他追上了我，把我按进了垃圾桶里，然后一边打我，一边说，“看你再敢打我！你这个书呆子！”我崩溃了，我试着做正确的事情，但到头来却事与愿违。

——詹姆斯，13岁

§ 我遇到个大麻烦，一个男孩总是欺负我，那感觉好像是在受酷刑，我再也忍受不了了。求求你们了，谁能把我从日复一日的恐惧中解救出来啊？！

——查德，13岁

§ 一个我以前的朋友在网上威胁我和两个我最要好的朋友，他在MySpace上做这事，我们都对他的邮件感到不安。我们的父母决定去找校方反映这个问题，但其他的事我们又能做什么呢？我们不想引起大家的注意。

——卡尔，15岁

欺凌者和受害者

畅销书作家弗兰克·佩雷迪（Frank Peretti）写了一本以欺凌为题的书，名为《再无受害者》(*No More Victims*)，他警告父母注意两点：(1) 认真对待欺凌问题，(2) 现在就制止它。他对《Breakaway》杂志谈道：

在孩子一生中的某段时间里，他会感到自己无能、另类、丑陋或者肥胖。无论他形成这样看法的原因何在，这样的自我认识都会像是在他的脖子上画了一个标牌，上书："随便欺负我吧。"他开始认定人人都可以欺侮自己，而其他的孩子也会马上围上来，如同嗅到猎物味道的野兽一般。

那些便是我亲身的经历，我的青春期世界如同一个无形的监狱。我向所有的基督徒们提一个建议：那伤害非言语所能抚慰。[①]

据家庭治疗医生所分析，基本上有两种类型的男性欺凌者：一种是感到自己无能的男孩（或许他是个功课不佳的孩子，或者他的家中麻烦不断），所以他尽力要靠欺负别人来证明自己。而另一种欺凌者却常常被家长们所忽略，他们是那些所谓的成功的孩子，要么成绩优异，要么是运动健将，他们往往认为欺凌别人是一件很酷的事情，尤其是同朋友们

① 汤姆·内文（Tom Neven），《青春期的磨难》（"Teenage Torture"），Breakaway, October 2002, 12.

一起做时便格外有趣。

根除痛苦

你的儿子是一个受欺凌与嘲笑的受害者吗？请注意以下这些征兆：

- **封闭**：他是否花越来越多的时间独处？是否对学校和同伴失去了兴趣？
- **抑郁**：他是否情感上变得冷漠？是否比以往容易被激惹？是否日益变得疲惫和阴沉？
- **自卑**：他是否在贬低自己？是否对自己的相貌和能力多有诟病？

请试着对他提出以下这些建议：

- **避免危险**。《旧约箴言》写道："通达人见祸藏躲，愚蒙人前往受害。"这句话可谓至理名言。但万一欺凌者对你儿子穷追不舍呢？还有下面一步……
- **讲话要充满自信**。《旧约箴言》写道："回答柔和，使怒消退。"而与此相对的下半句写道："言语暴戾，触动怒气。"鼓励你的孩子尽一切努力去化解紧张的形势，如何做到呢？让他冷静而直截了当地对欺凌者说："瞧，我同你无冤无仇，我们各自开路。"
- **走开**。《新约·罗马书》写道："不要以恶报恶，众人以为美的事，要留心去做。若行，总要尽力与众人和睦。"走开是保持和平的最佳选择，它要比站在原地大声争吵强过许多。

你能做什么

● **不要容忍欺凌。**永远不要将欺凌视作是一种孩子之间的没什么害处的行为，也不要认为那是对孩子的一种磨炼。

● **创造一个安全的港湾使你儿子可以暂避其间。**让他知道你是如此的关心他，对他的困难格外的关注。鼓励他建立一张“朋友网”，从而得到志同道合的成人和同伴们的支持。

● **建立他的自信。**提醒他看到自己身上的优秀品质，每天都向他传递那些他迫切渴望听到的信息，比如：“你一切都正常，”“我信任你，”“你的生命很有价值，”“你使我感到骄傲。”

● **帮你的孩子分析他的讲话习惯。**问你的儿子这样的问题：“你的话语是令人感到鼓舞和振奋，还是令人丧气和伤痛？你的谈话是否让人满怀希望？你是否偶尔会恶意地咒骂和贬低别人？”

● **告诉孩子《旧约》诗篇里的如下话语：**“耶和华我的磐石，我的救赎主啊，愿我口中的言语，心中的意念，在你面前蒙悦纳。”

● **鼓励他去保护弱者。**不过，要告诫孩子避免鲁莽行事。当得知某个暴力行为可能发生时，告诫他要去寻求老师或校长的帮助，要让他懂得这样做不是在告密，而是在帮助同学，这样做显示出了真正的勇气。

如果你的儿子是个欺凌者

对于无数的中学生来讲，一个小时的健身课绝对是长达60分钟的煎熬。在更衣间被推搡，被湿毛巾抽打，被无情的恶语相伤都成了家常便饭。

但成年人们往往用另外的方式看待这一切。教练、老师甚至家长们会耸耸肩，说道："这是正常的孩子间的胡闹，如果男孩们经受了这番磨炼，对他们的将来会大有益处。"

我要特别强调：没有任何一种欺凌行为是正常或者无害的，欺凌所带来的痛苦会伴随孩子终身。而一些遭人取笑的孩子自己最终变成了欺凌者，家长应该引导孩子打破这样的恶性循环，让孩子必须懂得仇恨只能导致新的仇恨。因而，你应该帮助孩子成为与人为善的建设者。

如果你怀疑自己的儿子是一个欺凌者，你应采取以下的步骤：

- **与他进行谈话。**找出原因，了解他为何感到需要欺负别人。帮他理解这样做所带来的伤害。
- **鼓励孩子去寻找那些真心喜欢自己的朋友。**不要去和那些一心想拖他下水的孩子交往。
- **激发起孩子的想象力。**让他对自己的未来和可能的辉煌前程感到激动：让他想象自己可能经历的事情，可能去的地方，可能成为怎样的人。
- **帮他超越现实的生活。**去敢于梦想，去敢于探索前方所有的可能性。

三种缓解压力的方法

为了很好的处理同伴欺凌所带来的恐惧，你应该未雨绸缪，那些聪明的人往往事先便在脑子里盘算好了遇到问题该如何处理。因此，鼓励你的儿子从现在起为将来的“战斗”做好准备。

彼此依靠是关键。要有一两个可以彼此信赖的朋友，一根筷子容易折，一把筷子则坚强无比。

培养长远的眼光。对于一个青春期的孩子，不惜一切代价与周围的人相适应似乎是难以承受的。但你应该让他考虑下面这些重要的问题：五年后，周围的人对你的看法是否很重要？上帝对你的看法是否很重要？鼓励他不要过分在意眼前的困难，而重点是关注终点线。

教会他计算代价。任何行为都是有代价的，而且结果不可能总是公正的。帮孩子思考一下他眼前的选择将会怎样影响他的前程、家庭，以及他未来的妻子和孩子。你应该问他，“你的选择是否会给你的身体带来危险？是否会带来感情伤害？是否值得为了出一时的风头而毁了自己的将来？”

第 3 章

“你要知道的八件事”

“Eight Things I Need You to Know About Me”

一个青春期的女孩可以把你的耳朵磨出茧子来，她会喋喋不休地谈论各种各样的事情。在一次旅行中，我（苏茜）看到一个叫塔拉的十几岁女孩，我们同乘机场大巴去利马（秘鲁）的一家酒店。一路上，她谈个没完，令坐在旁边的人不胜其烦。当那个人开始打瞌睡后，塔拉干脆面向车窗，依旧说个不停。

也许你正在想：我儿子要是那么爱说话就好了。然而事实是：大多数青春期男孩不善言辞、不够外向，也往往不愿与人分享他的情感和思想。因此，你儿子可能永远也不会告诉你，哪些事是他渴望让你知道的。下面的八件事是你儿子想让你知道的，而且不仅仅是知道，而是要真正的理解。

“我靠视觉”

§ 无论何时我爸爸要和我谈话，我都知道那一定特别乏味。他只是说呀说呀……不管他说什么，我都装出认真听的样子，但实际上我一点也不关心。他说话的声音甚至使我昏昏欲睡，这些家庭谈话怎么会这么无聊呢？

——萨德，14岁

你已经知道这些了，但我在这里还要简要总结一下：男孩的神经连接方式同女孩有极大的不同。男孩更依赖于视觉，而女孩更偏向于感情。要诱使一个男孩对某样事情感兴趣，你不需要花很大的力气。当那些快速的、色彩丰富的、高科技的影像呈现在他的眼前时，他很容易被吸引。

因此，你同儿子进行沟通的最有效方法是通过视觉的手段。你当然不必每次同儿子谈话都开启造烟机或探照灯什么的，不过你在谈话中需要运用语言描绘出一些视觉图画。假如你儿子能想象出那些图画的样子，你们的沟通将会畅通许多。

比如说，你儿子同一些不良的朋友交往，你对此非常担忧，但他总是说："别担心，我不会跟他们学的，我甚至从来都没尝过酒的味道。"

你当然会想到这恐怕坚持不了很久，你迫切地想让儿子明白：那些不三不四的朋友可以轻易地把他拉下水。于是在一个晚上，你让他读一些你事先摘录下来的《圣经》上的话，它们讲的是关于相互影响、做出聪明选择的重要性，以及不能轻易的妥协。

你在屋子的中间放一把餐椅，让儿子站到上面。你坐在椅子前的地板上，让儿子把你拉起来。他站在椅子上，或许能拉起你，或许拉不起来。过了一分钟后，你把儿子拉下来，

每一个男孩都需要冒险，你要尽力帮助儿子满足他的需要。

并对他说："尽管你说要去影响你的朋友，但要记住，他们把你拉下来要比你把他们拽上去容易得多。"由于你们之间的沟通是视觉化的，你儿子将更牢固地记住这一课，效果远比单纯的说教要好。

"我愿意体验而不是听别人讲"

§ 我从亲身经历中会学到更多的东西。无论是讲座还是学习《圣经》，坐在那里听讲都让我感到无聊。相反，我喜欢那些需要动手、需要卷起袖子来大干一场的任务，它们能让我真正的全神贯注。

——安德鲁，15岁

真正好的教区辅导员懂得这个秘密，他们不会仅仅讲述《圣经》故事，而是设法帮助学生去体验。举个例子，当你想教孩子懂得我们都是上帝的孩子，应该彼此帮助的时候，你为什么不带孩子去附近的慈善机构让他亲身体验呢？让孩子成为一个志愿者去帮助不幸的人们，或者考虑带他参加一次慈善旅行。每个夏天，我（苏茜）都要带大约500个孩子和成人去参加为期两周的国际志愿活动。每年，我们都有许多家长带着自己的孩子来体验这些与他们平时的生活十分不同的事情。你可以到 *Susiemag.com* 网站去了解这方面的信息。

我曾反复看到：一旦学生面对面地接触到了真正的贫穷，真正体验到了贫穷，他们的心灵便会被残酷的现实所触动。当他们看到那些住在简易房里的人们后，他们下次再抱怨晚餐不好或者不愿收拾自己房间时就会三思了。

“尽管我表面坚强内心却很脆弱”

§ 我来自一个基督教家庭，但我的父母和家里人总对我恶语相加。为何他们不能鼓励我，而总要令我难堪呢？爸爸总说我懒，妈妈骂我没心肝，兄弟从小就与我过不去，他们不给我机会，我真的很伤心。

——蔡兹，18岁

男人在表面上会显得很坚强，因为舆论要求男人那样；但在内心里，他会同女孩一样容易受伤。男人可能更善于隐藏自己的情感，但那情感依旧是强烈的。

当一个男人被别人取笑后，他会整天情绪不佳。当然，他会在表面上装作满不在乎的样子，而内心里却痛苦不堪。因此，父母要特别的注意：不要讥讽你的儿子，也不要取笑他。

14岁的洛根中等身材，相貌一般，但他的姐姐却嘲笑他，说他相貌丑陋。“嗨，丑娃，给我拿个汉堡来行吗？”“嗨，丑娃，遥控器在哪儿？”这种情况持续了好多年，虽然洛根知道姐姐很爱自己，但他总认为自己对女孩毫无吸引力。这种想法一直纠缠着他，直到在大学里认识了一个出色的女孩，她反复地向他示爱，才改变了他对自己的看法。

德里克已经17岁了，但他的爸爸还总是叫他小傻瓜。这个外号是德里克三岁时父亲给他起的，因为他在说字母R时总是格外吃力。虽然德里克一点也不傻，但他长大后仍忍不住怨恨父亲，并总感到学业上不及自己的弟妹们。

作为父母，你的任务是激励、鼓舞你的儿子，让他充满自信。我们前面提到过，这里不妨再重复一遍：永远、永远、永远不要讥讽或取笑你的儿子！否则，等他长大后，你将发现你的讥讽和嘲笑会毁坏了他对自我的看法。

在众多的领域里，你应该坚定孩子的信心。他的字不是写得挺好看吗？他的头发今天看起来不是很漂亮吗？你要告诉他这些。朋友们不是很喜欢同他相处吗？你完全可以为此大大地赞美一番。我的父母就常常这样做，结果在长大后，我觉得只要自己愿意便能干好任何事情，没有什么事情是自己渴望而难以企及的。这当然不是因为我比周围人都聪明，恰恰是因为我父母在我心中植入了自信，这份自信使我坚强而又积极向上。对你儿子，你也应该这样做。

"我需要靠近上帝"

§ 我来自一个基督教家庭，但我同耶稣并没有建立起亲密的感情。事实上，尽管我能感到一种心灵上的强烈需求，却发现自己很难向耶稣敞开心扉并向他祈祷。

我在生活中无法感知上帝的存在，当我祷告时，我觉得那只是在对着自己说话。我的宗教辅导员和我进行了一些愉快的交谈并简要回答了我的问题，他还给我一些《圣经》中的诗句让我去读。（说实话，我觉得他根本不太关心同孩子们的联系。）

我猜你可能认为我的信仰世界乱成一团了。我同耶稣有

隔阂，我不理解《圣经》，在教堂里感到不自在……而且，大多数我认识的基督教家庭的孩子同那些所谓的世俗家庭的孩子似乎没有什么区别，所以我现在开始问自己这样的问题：“基督教如何才能让我真正有所改变呢？”

——布兰登，16岁

§ 我所在的《圣经》研习班曾经谈论过抵御诱惑的问题。直到今天我还在想，如果我们被某个欲望所俘获了，而上帝宽恕了我们，那么我们怎能保证不把上帝的宽宥当成继续迁就诱惑的借口呢？当考虑做得是对是错时，你也许会说：“哦，上帝会原谅我的，难道不是吗？”

——达赖厄斯，14岁

§ 我真的想成为一个上帝的信徒，用我的一生去追寻他的意志。去年夏天所经历的事坚定了我的这种愿望，我下面就要谈谈这件事。

我参加了一个传教团去了一个营地，那个营地里的孩子们来自于宾州一个很糟糕的城市。在那个夏天里，基督徒们每天都用巴士把孩子们带离那个充满暴力和毒品的城市，教他们了解耶稣的愿望。

参加这种传教活动改变了我的生活，我开始认识到，我再也无法离开上帝了，再也无法忽视上帝的存在了。我在不断地成长，我写这封信是请求你为我祈祷，为那些小孩祈祷，也为全世界的小孩们祈祷，他们在遭受苦难——但，他们是我们的未来。

——丹尼尔，17岁

§ 考虑到天主教徒、浸理会教徒、长老派教徒和无派别教徒等之间有如此大的差别，我感到很难搞清楚《圣经》究竟要传递什么信息。谁能给我一些窍门，让我能集中注意力在上帝身上，而不被各种纷争所误导？

——埃里克，15岁

§ 最近我一直在想，为什么我要相信上帝。当人们问我为什么相信上帝时，我无法给出一个答案。难道有什么确实的证据证明上帝是存在的吗？通常，当我问这个问题时，他们会告诉我，上帝曾在人们的生活中创造了许多奇迹。但是难道那些奇迹不是所谓的心理作用吗？比如，我读到过，医生们有一种不起任何作用的药片儿，但是他们告诉患者这药片能治好他的病，于是，当头疼、肚子疼或得了其他什么病的患者吃了那药片后，由于坚信药片能起作用，他们便真的感到病好了很多。

难道这样的现象不会发生在对上帝的信仰上吗？人们由于坚信上帝能治好他们，于是他们好转了。另外，有什么证据能证明《圣经》是真实的吗？难道不会是某个人编造了一个故事，把它写成书，并使人们相信，就像《达芬奇密码》那样？

——塞缪尔，17岁

§ 过去一年里，我一直祈求更紧密地靠拢上帝，努力在生活中学习耶稣的样子。我知道，我不可能完全追寻耶稣的足迹而使一生完美无缺，但我要不停的努力。我需要更多的智慧，我祈祷，阅读《圣经》，但期望的效果并没有达到。我不知道要做些什么。我的祷告对吗？我做了什么错事吗？我感到绝望。

——萨姆，14岁

§ 在教堂里，我们看了纪录片《驱逐进化论》。其要点是：学术界正在极力迫害那些宣扬智慧设计的人们，该纪录片制作者反复强调：这就像一堵墙，只要你同墙这边的人持同样的观点（即进化论的观点）你便想说什么就说什么；但只要你同墙那边的人观点一致（即持有智慧设计的观点），你便惹了麻烦，要遭人横加指责了。制作者反复声明，由于我们生活在美国，我们应该有言论和信仰的自由。

我为此感到困惑：如果智慧设计的观点有权在学校中传授的话，那么堕胎或同性婚姻等为什么不能被传授呢？我个人完全不赞成同性婚姻或堕胎，但如果说不让别人这样做，那不是也同纪录片制作者说的那样是竖了一道墙吗——你只能在墙这边反对，而一旦到了墙的另一边就惹麻烦了。

——约翰，16岁

我们有意在这部分中抄录了许多来信，因为我们想强调，在信仰上，你作为一个榜样对你儿子有多么重要。假如他在你的生活中看不到基督的影子，他可能会拒绝基督教。

你应该尽一切努力指导你的儿子建立起同耶稣的健康关系。你是否认识到了，父母最重要的责任是引导孩子建立信仰?

你是否认识到了，父母最重要的责任是引导孩子建立信仰?

你是否认识到了，父母最重要的责任是引导孩子建立信仰?

以上可不是印刷的错误，我想再说一遍并且这一次邀请你也跟着一起大声朗读：我最重要的工作是引导我的孩子建立信仰！

挣钱、工作稳定体面、安居、积攒孩子上大学的基金、烹饪健康的饮食、训练孩子打球；帮助他在学业、音乐、戏剧或体育比赛中成绩优异……这些都不如引导孩子建立信仰那么重要。

恕我直言：你引导你的儿子成为一个上帝的信徒了吗？你同他一起读《圣经》吗？你坚持同他一起祈祷吗？（我这里说的可不是那些在吃饭前敷衍了事的祷告。）你向儿子介绍过圣徒录上或你们教区历史上的宗教英雄吗？你帮他记忆《圣经》吗？他是否阅读优秀的基督教读物？

如果你儿子对基督教产生了怀疑，或者置疑《圣经》的真实性，我们推荐他读学生版的《基督的理由》（*The Case For Christ*）和《信仰的理由》（*The Case For Faith*），它们都是由李·斯特罗贝尔（Lee Strobel）写作的。如果你儿子问到创世说和进化说的问题，推荐给他《一个造物者的理由》（*The Case For A Creator*）。当然，你应该给他学生版的书，通常会简短并容易理解。

如果你的儿子还没有读过以上的那些书，为什么不让他读呢？世上没有什么比引导自己孩子建立宗教信仰更重要的事情了。

“我需要你靠近我并听我说”

§ 我跟母亲讲色情图片的问题，她快要疯掉了。我只是需要她听我说话，然后帮助我，而不是反对我。她应该理解，我是一个男人，比女孩更容易受那些东西的影响，我同她不一样，我妈妈就是不理解我。

——怀亚特，16岁

真正倾听儿子的心声需要时间和精力上的投入。还记得你们俩（就你们俩）上一次一起做事是什么时候吗？你应该每周都优先设定一个同儿子的约会日，在那个特殊的时间里，你们俩待在一起随心所欲地交谈。

去钓鱼、去喝咖啡，或者仅仅是一起去加油站给家里的汽车加油；也可以支起帐篷在后院里过上一夜，一起玩棒球、一起出去买汉堡、一起做比萨、一起打扫车库，或者打开睡袋在客厅的地板上过上一夜。你不需要为此有什么特别的花费，只是拿出时间来，专心致志地同儿子相处。

当他讲话时，让他知道你真的在倾听。比如，你可以适当地重复他说的部分词句，并且不时问他一些相关的问题。举个例子：

父亲：今天的体操课上得怎样？杰克去了吗？

查理：哦……我想，还好吧。是的，杰克去了，他还对所有的人说我是个同性恋，只是因为我没和女孩做过什么。

父亲：你感觉怎样呢？

查理：你会怎么想呢？愚蠢、糟糕透顶、受冷落、孤单、被欺负。

父亲：但你是否觉得在婚前保持童贞是个正确的选择？

查理：是的，我知道，但在那帮像杰克一样的家伙的不断纠缠下，我真得再考虑一下了。

父亲：我想你说的意思是你因为不断受到欺负，所以才要重新考虑是否要坚持童贞了，对吧？

查理：也许吧！不过，我的意思是，为什么那些孩子不坚持呢？不过，我知道坚持是对的。

父亲：让我们今晚花些时间为此祈祷吧，好吗？

查理：好吧，随便。我需要所有的帮助。

父亲：你现在感到很振奋，不是吗？

查理：别嘲笑我了。

父亲：嘿，查理，我永远乐于告诉你，我为你感到骄傲！你妈妈和我都喜欢你正在变成的样子。

查理：爸爸！

父亲：真的，许多孩子如今都顶不住压力，而我们为你的勇气感到骄傲。你知道吗，我们为你激动不已，真的。

查理：是啊。

倾听——真正的倾听——将在你儿子成长的岁月里给他无比的安全感。

“我渴望冒险”

每个男人都需要冒险。每年你应该至少安排一周的时间带全家去旅行。我父亲在这上面就毫不含糊，他确保我们每年都会去度假一次。

我们家并不富裕，但我父母很精明，知道如何规划开支。他们每个月都会省下一些钱来，为每年8月份的旅行做准备。

我自己其实也很乐意待在家里，每天去游游泳什么的。父母知道冒险对我哥哥（肯特）的重要性。因此，每个夏天，他们都计划有趣的冒险活动，这些活动使我们终身难忘。

夏天，我们去攀登拉什莫尔（Rushmore）山；又一个夏天，我们在黑山野营；再一个夏天，我们从俄克拉荷马到蒙特利尔一路下来，在沿途所有的国家公园里野营。父母带我们去许多知名的景点，拍照片，给我们讲解，确保我哥哥获得足够的冒险感觉。

我们家有一个乒乓球台，每个礼拜日，在去过教堂后，爸爸都会和哥哥来一场激烈的乒乓比赛。爸爸教他抽球，我听到他们俩大呼小叫的，直到妈妈来喊他们去吃晚饭。父母知道，他们的儿子需要刺激感。

在我上小学时，爸爸在后院搭起了一个篮球架，每晚下班后都和哥哥一起打球。

当哥哥上高中时，妈妈对爸爸讲应该搞一个台球桌了，她解释说哥哥需要在家里能玩点有趣的东西。我妈妈多了不起呀，她知道冒险的感觉对一个男孩是必需的，她还知道，如果家里有了台球桌，哥哥和他朋友们就可以凑到我家里，而不会到那些谁也不知道的地方去瞎混了。

每个男孩都需要冒险，这冒险也许是一场激烈的象棋赛，或者是学习狩猎；可以是帮家里搭一个额外的房间，或者在后院种西红柿。每一个男孩都需要冒险，你要尽力帮助儿子满足他的需要。

“我需要自己的空间”

每个男孩都需要自己独处的时间，请学会信任他并给他足够的时间。如果他辜负了你的信任，利用这个时机做了些不该做的事情，该怎样办呢？你应该收紧“缰绳”，把他看得更紧一些，直到他重新赢得独处时间为止。

杰伊在英语课上总是表现得很好，在他高中的头一年，他发现自己是一个写文章的高手，他成了校报的成员，有大量的机会写东西。也是在这一年的英语课上，他见识了各种体裁的诗歌：无韵诗、俳句、十四行诗等等。他的父母很欣赏他优异的成绩，但却搞不明白，为什么他花那么多时间独自待在自己屋里。

家里的电脑在书房里，因此杰伊不可能在上网，那他在做什么呢？妈妈终于凑近了他，“杰伊，你为什么总待在自己房间里？出来吧，同我们待在一起吧。”

经过几周的催促，杰伊在妈妈再次敲门时拉开了他的抽屉，搜出了一大堆的杂志，说道：“妈妈，我脑子里有那么多的想法，我感到如果不用它们做点什么我就会爆炸了。所以，我在写东西，你明白了吗？”

“你在写些什么呢？”

“就是在写东西，有时候是一首诗，昨晚我写了一个神秘故事，今晚在记日记。”

“难道不能在客厅里写吗？”

“不成的，妈妈！那里太乱了，我是说，电视开着，大

家在聊天。希望你能理解，我需要独处。”

这位聪明的母亲知道儿子具有天赋，但她也想让孩子知道，家人也希望有时间同他在一起，“好的，杰伊，我们想让你多花一些时间同我们相处，但我也希望你有足够的时间来表达自已，发展你的天赋。所以我们这样办吧：你每晚花一个小时独处，关起门来写作。我保证没人会打扰你，并且这一个小时何时开始由你来定，晚饭前、后都可以。但你也必须花一些时间在客厅里同我们在一起。”

杰伊同意了。现在，他已上了大学，学新闻专业。他非常感激母亲给了他所需的自由空间。

你儿子可能不会去当记者，也许他需要时间泡在车库里去摆弄汽车引擎，或许他需要时间在卧室里举重。给他定个规矩，但同时也给他所需的自由空间。

“我可能话不多，但我在听你说”

我最近花了一些时间同一对夫妇在一起，他们说他们的儿子——马库斯，直到三岁时才开口说话，他们担心他有自闭症。他们的多虑让我吃惊不小，因为自我同马库斯相识起，他就说个不停。我对马库斯说：“你是不是只是无话可说而已？你内心里一定在说话。”

尽管我们从不知道他不开口说话的原因，不过马科斯确实有很强的理解能力，这是许多男人都具备的能力。

研究显示，女性所使用的词汇是3万到5万之间，而男性仅使用2万到2万5千左右。女性比男性能运用更多的词汇。

但是男孩不需要像女孩那样说那么多的话。女孩忍不住要说话，并且她们喜欢听到自己的声音；而男孩可以在心里想事情，并喜欢不把自己的想法表达出来。相反，女孩有了什么想法就恨不得告诉整个世界。

但是，不要让你儿子的沉默寡言给欺骗了，他记在心里的远比你想象的要多，这就是为什么你要仔细掂量自己的话语——你想说什么以及用什么方式来说。男孩是敏感的，他们愿意记下你的话，并在脑子里翻来覆去地想。

男孩喜欢一次只处理一件事情，因此，如果你的儿子正在看足球比赛，请记住，这时就不要同他讨论他对太空旅行或经济刺激计划的看法了。

第4章
如何处理与孩子的争吵

Teen Guy Battlegrounds

“为什么我做什么事都要被指责？！”你儿子对你声嘶力竭地喊着。

你双手交叉在胸前盯着他，“注意你说话的态度，年轻人，”你低沉而严厉地说，“你并没有总被指责，而且，你是家中的老大，理应做个好榜样。”

突然你感到身后有动静，你的小儿子悄悄来到你身后，不需要转身，你就知道他又在招惹哥哥了。

“你看到了吧？”大儿子气呼呼地说，“马戈特又那么做了。”

“哦，别闹啦，”你嚷道，“为什么你们两个不能好好相处？为什么要把家里搞得像个战场似的？”

你十几岁的大儿子气鼓鼓的，在冲回自己卧室狠狠地摔上门之前，他甩下了一句怒吼：“你们对马戈特偏心，你们总做他的帮凶。”

回到了自己的房间里，大儿子趴在床上，把脸埋在枕头里，他现在坚信你们一定在利用弟弟来监视他。

“他就像个小特务，”大儿子对自己嘀咕着，“我曾以为可以相信他，他却将我上周做的事向妈妈告密，害得我挨了罚。当妈妈宣布对我的惩罚时，一抹淡淡的笑意总是出现在马戈特的唇边，哦，我真想给那嘴唇一拳。”

大儿子在床上翻腾着，并开始用弹力球去砸墙上的招贴画。

“不，不，不……”他以一种典狱长般低沉的声音叨咕着，“你不能买它，你不能去那儿，你不能同那帮朋友瞎混！什么时候他们才能知道，我不再是个小孩了？”

整个晚饭期间，他只说了两句话，其中一句是“请把土豆递给我。”当他完成作业后，并没同家人一起看电视，他把自己锁在卧室中，在音乐声中胡思乱想。

与此同时，你坐在躺椅里紧闭着眼睛，几乎快要崩溃了，为什么每当说“不”时都会闹成这个样子？你在心中不断地问自己，为什么我总像个典狱长那样，难道我们就不能和平相处？

这些都是男孩和父母之间常见的场景，我们忍不住会去思考发生的原因……

这是怎么回事呢，满室如此相爱的人们竟在很多时候感到好像不能彼此容忍？

生活在同一个屋檐之下的人们，彼此如此熟悉，对各自的怪癖都心知肚明，但为什么有时却又感到如此的陌生？

答案是显而易见的：许多父母同他们青春期的子女爆发了情感冲突，那是所谓的独立之战，是孩子成长中相当正常的一个阶段。随着男孩一步步走向成熟，他变得越来越不依赖自己的父母。

在这种情况下，如何在日常的家庭冲突中安然相处

和儿子的平等对话离父母并不那么遥远，不过要始于最重要的一个字：听。

呢？当涉及男孩的各式各样的具体需求时，你如何冷静下来，缓解纠纷，甚至增进你们的感情呢？以下是一些点子：

要有一段冷静下来的时间。除非是你发现了极度不能容忍的事情，否则你儿子的几句冷言恶语并不是什么大不了的伤害。的确，这让你感到不快，但孩子需要时间冷静下来并把情况考虑清楚（其实，你也需要冷静下来的时间），所以，请给他冷静下来的机会，不过……

不要让他自我封闭的时间过长。过分的冷处理可能会造成日后更多的紧张关系。因此，在一段时间过后，你要努力同孩子就分歧进行交流，沟通和聆听是最终打开理解之门的钥匙。

让他知道你特别关心他。说一些类似这样的话："如果你觉得我们最关心的是你，那你就猜对了，无论我们之间有过怎样的冲突，我们都真的很爱你。"

现在，让我们将注意力集中在一些家庭冲突的热点上，我们将审视这些冲突发生的原因，以及解决的方法。

兄弟间的风暴（一种理智的补救）

你很清楚，兄弟间的冲突在家庭生活中是无法避免的。在孩子青春期时，这种冲突会更加激烈。当然，没有什么事能像这种无休止的争吵和打斗那样令父母们抓狂了。

那么，怎么办呢？有没有可能阻截住孩子们连续不断、互相发射的"导弹"呢？你能不能教会你青春期的儿子成为维

持和平者呢？我们认为：你是能做到的！虽然你不可能完全杜绝兄弟间的争斗，但你可以做到改善孩子们处事的态度，培养彼此间的尊重感，并且保持住你自己的理智。

风暴来临之前：促进和平的环境

帮助孩子理解冲突。作为一个十几岁的孩子，你儿子对不公平、自我价值、独立、爱和隐私都非常敏感。下一次，在他即将同兄弟发生冲突时，鼓励他先试着采取这三步：（1）使自己冷静下来；（2）认清问题是什么；（3）把问题讲出来。

教会他成为一个解决问题的能手。帮助你儿子认识到：当两人的相处出现麻烦时，往往是因某个问题日久天长积累所致。因此，如果出现了某个热点矛盾，他应该探究问题的根源所在。你可以试着这样说："你应该冷静地同错怪你的人交谈，你要想一下冲突是怎样开始的，当你指责你的兄弟时，要避免冤枉他，你应该把精力集中在解决问题上。"

引导他不要挖苦别人。告诉他："一旦冲突起来，有一种武器会被轻易地使用，那就是取笑别人，但这往往也是造成伤害最大的一种行为了。残忍的话语会深深地伤害他人，并且所造成的伤害在事后很久都会依旧隐隐作痛。"

鼓励他表现出对人的尊重。这样不仅会回报给你相应的尊重，并且会使别人减少同你的纠纷，甚至越来越多地采纳你的意见。

风暴平息之后：制定明确的规矩

帮他避免痛苦的回忆。告诉你的儿子："回忆往往比实际的伤害更令人痛苦，它就像一块烧热的木炭，握的时间越长越紧所形成的伤害也就越深。对痛苦的回忆可以留下永远无法抹掉的伤痕。"

鼓励他自己处理问题。告诉他："不必为一点小纠纷就来告状，等你们冷静下来以后，同你的兄弟坐下来，考虑一下怎么解决你们之间的矛盾。"

教他学会原谅、原谅，再原谅。告诉他："思考一下所有你兄弟做错的地方，然后真诚地努力去加以原谅。你要懂得，原谅并不是否认你曾被伤害过，也不是试图理解为什么他会那样做。真正的原谅是有意识地选择不再对伤害耿耿于怀，并继续爱那个造成伤害的人。你能对冒犯你的家人做到这点吗？"

清除家长与儿子关系中的沉闷模式

对话1：你本来可以这样说……

十几岁的儿子：我讨厌作文课，我看不出它有什么用处，将来我又不想当作家。

家长：我理解你，写作的确很难，但你知道，我在你这个年纪时很喜欢作文，我能帮你做点什么吗？

儿子：我们今晚必须完成一篇两页长的作文，你建议我写什么题目呢？

家长：让我们坐下来，一起好好讨论一下这个问题吧。

儿子：太好了，这可让我大大舒了口气。

对话2：你通常是这么说的……

十几岁的儿子：我讨厌作文课，我看不出它有什么用处，我将来又不想当作家。

家长：我不想再听到你的抱怨了，写作是必须具备的能力，快起来，去你的房间里，做作业。

儿子：我有问题时你从不听我讲话，我受够了这些愚蠢的规矩了，我真想一个人待着。

家长：注意规矩，不要胡说，你会受罚的。

儿子：讨厌，你们把我的生活全毁了。

那么，你同儿子间的日常对话更像上面的哪一个呢？让我们猜一下吧，第二个？那就太糟糕了。其实，像对话一样的交谈在现实中离我们并不那么遥远，只要通过一些努力，它会成为你们日常的谈话模式。不过，所有这些都开始于最重要的一个字：听。

“我父母根本不听我说话！”许多青春期男孩常常这样抱怨。反过来，家长也有类似的抱怨：“我没法和他交流，他根本不听我说话。”

倾听是有效交流的开始，为了避免卷入同你儿子的口水战，请采取以下这些基本的步骤：

从倾听开始（保持沉默）。给你儿子机会说出他的想法，“我在乐团里啥也做不好，我真的想要退出了，我无法跟上大家，老师总让我当众出丑。”

给他明确的回应。不要只是待在那里，面无表情地听他说话。即使是在倾听时，也可以做一些诸如“我明白”“哦？”那样的回应，让他知道你在认真倾听。

留下进一步交流的话头。做一些简单的、不带判断色彩的陈述，比如：“课后同老师交谈你的感觉会是怎样的？也许老师很愿意同你交谈呢。”“感觉如何？”这一类的问题可以使你的儿子不那么紧张，这有助于你们进一步交流。

练习以互相倾听作为交流手段，我们称之为“意见交流”，以下是具体的做法：

- 你儿子在晚餐聚会前还没有收拾好自己的房间，庭院里也被他弄得一团糟，你对此格外沮丧。于是你凑近他，说：“我们需要谈谈这事，你应该听听我的意见。”
- 你一旦你使他注意力集中了起来，便开始向他解释自己事先想好的观点，你说话时不要被打断。
- 接下来，让你儿子重复你说过的话。
- 然后纠正或是肯定他的复述，确保你的想法和情感已被他准确地听到了。
- 这个过程继续下去，下面该轮到他来表达自己的观点，而由你来倾听和复述了。

意见交流的目的是为了能够听得准确，一旦你有机会陈述自己的观点和听到儿子的观点，你们之间交流的基础便建立起来了。对于解决眼前的问题，这是一个非常好的方法，它建立在倾听和被倾听的基础上，完全不同于那些漫无目的的口水战。

个人卫生

凯瑟琳不明白为什么总得强迫自己13岁的儿子去洗澡。那些去教堂的其他男孩们都显得那么在意自己的外表，但自己的儿子特伦多呢，如果可能，简直好多天都不愿意洗澡。她的丈夫，休，对此有一套自己的看法：

“特伦多晚熟，”他说，“我自己也晚熟，还记得在体操课上不安的感觉，我像躲避瘟疫那样躲避淋浴，我的同学们都已经开始发育了，我宁愿去看牙医，也不愿当他们的面洗澡。我想，特伦多也是这么想的。”

“但是我说的是在家洗澡呀，”凯瑟琳说，“他竟不在乎把自己弄干净，让自己看起来像样子一点，这让我很烦心。”

“我想这也是由于他晚熟的缘故，往后他成熟了，开始对姑娘们感兴趣时，他会每天至少洗一次澡的。”休说。

你将如何处理这个问题呢？

从凯瑟琳的观点看，帮助儿子理解个人卫生的重要性是非常必要的；但在休看来，他儿子还是一个小男孩，并没有长成一个年轻男人，在他自然成熟的过程中，事情自然而然就会好起来的。

后来，凯瑟琳和休达成了折中意见：凯瑟琳带特伦多去买一些新潮的衣服，并预约了城里最好的发型设计师。由于凯瑟琳让特伦多自己去选衣服，所以孩子很喜欢他买回来的衣服，他同时也对自己的新发型非常满意，他感到自己焕然一新了。

当他们回家后，凯瑟琳为儿子拍了一些照片，记录下他穿着新衣服、理了新发型的样子，她把这些照片贴在冰箱上，并在照片上写道："世界上最潇洒的少年。"

虽然特伦多抱怨自己的照片被贴到了厨房里，但实际上那些照片让他的感觉格外良好。那天晚上，凯瑟琳宣布了自己的方案："特伦多，你看起来非常棒，我知道你喜爱这些新衣服，但只有在洗过澡后，你才能穿上它们，并且每穿完一次，你都要将它们放进洗衣袋中。"

特伦多几次试过打破规则，但凯瑟琳态度坚决，并且休也支持她。不到一年，特伦多开始发育了，正如同他爸爸预言的那样，他突然在意个人卫生了。

他没必要像个模特

我们不是说你儿子看起来应该像杂志封面上的模特那样，但是在他进入青春期前，你应该让他养成一些良好的个人卫生习惯。比如，经常洗澡和将头发打理利落等等，这些是不容讨价还价的。

但如何看待发型问题呢？这便带有个人兴趣的成分了。我们建议你在此问题上谨慎行事，只要你儿子的选择不过分出格，你应给他自由选择的余地。他也许想让自己的头发比你希望的长一些，只要他能保持头发干净，何不让他去试试。

他是不是想染几绺头发，或者把所有的头发都染成别的

颜色？结果一样，只要能保持干净，别为这事同他计较了。万一他要剃个光头呢？也许你一点也不喜欢光头，不过这也没什么大不了的。尽管当他顶着个光头走进教堂时可能会令你有些难堪，但你应该看到有利的一面：他进教堂了，并且他的头很干净！

同样的原则还可以用到他的着装上。只要他的衣服干净并且不特别出格（裤子别短到了露出内裤的地步），应该允许他尝试不同风格的服装。贝奇的儿子在上中学时突然喜欢上了黑色的衣服，“我们去买衣服，我强迫他买些蓝色、棕色和灰色的衬衣，”贝奇说，“他想要的全都是黑色的衣服，我搞不懂，他是不是想让自己看起来酷一些，或者他想去唱摇滚？不过，我讨厌看到他总是一身黑。”

贝奇最后告诉儿子，他每周可以穿三次黑衣服去上学，每月只能穿一次黑衣服去教堂，他不高兴那样，但还是服从了。“谢天谢地，”她说，“他只是那么一阵儿，第二年他喜欢上了靴子，又过了一年，他穿得像个运动员了。我开始意识到，他是在试着发现自己的风格，我很高兴给了他一些选择的自由。”

再重复一遍，只要不太出格，不要为了衣着和发型同孩子较劲了，你可以节省下时间和精力同他在涉及道德问题的大事上“斗争”。

化解影视所带来的争端

最新的流行影片上映了，你儿子迫不及待地要同朋友们一起去看。

“我所有的朋友都去看了,”他说,“我能去吗?”

“片子是几级的?”你问。

你儿子支吾着,紧张兮兮地转着眼珠,你几乎可以看到他的脑子在飞转。他这次的反应怎么样?同往常一样吗?

“你瞧,”他说,“电影里有一些爆炸场面,有问题吗?”这些同往常一样。

“我得承认,这电影不适合小孩看,”他继续说道,“但我已经不是小孩子了,妈妈,我看没问题的。”

你深深吸了口气,将双臂抱在胸前,你又要面对因看电影而引起的第1466392次争端了。

流行媒体成为了父母与子女冲突的一个巨大起因,我们经常收到一些青少年类似这样的来信:“我希望父母别老紧张兮兮的,不就是一首歌、一个电脑游戏、一个电视节目,或者一部电影吗?”

事实是,我们生活在一个高科技玩具与低级趣味相混杂的年代,许多家庭都为此付出了代价。太多的家庭充斥着自我陶醉的靡靡之音,而真理的声音却不得其门而入。

如同许多家长,你也许正为持续的争吵而厌倦不堪,但我们鼓励你咬紧牙关不要妥协,以下是我们给你的一些建议:

帮助儿子评估他所偏爱的媒体

帮助他知道如何选择媒体是至关重要的,要让他知道哪些内容是适合的,并能坚持自己的正确选择。

请用《腓立比书》（*Philippians*）的话语作为指导，以决定哪些东西适合你的儿子：弟兄们，我还有未尽的话。凡是真实的、可敬的、公义的、清洁的、可爱的、有美名的，若有什么德行，若有什么称赞，这些事你们都要思念。

鼓励他提尖锐的问题

- 它真实吗？这个电脑游戏是否拿上帝所确认的善行开玩笑？
- 它高尚吗？这个电影能帮我树立正确的思想吗？
- 它对吗？这个电视节目是否在动摇我对《圣经》所言真理的信仰？
- 它纯洁吗？这个音乐会是否值得我花费时间和金钱？
- 它可爱吗？如果老师发现我读这本杂志，我会为此感到尴尬吗？
- 它可敬吗？这支歌是否能提供给我智慧和教益？
- 它出色吗？我是否值得在这上面花时间？
- 它值得称颂吗？它是否能让我同上帝靠得更近？

告诉他你所喜爱的是什么

每首歌，每本书，每个游戏，每部电影都有自己的哲学。有些是享乐主义的（刺激、性、无休止的聚会）；有些是政治说教（杀死警察、颠覆政权）；还有一些宣扬厌世和绝望情绪（生命毫无意义可言）。很明显，那些诸如“娱乐节目是无害的”或“它影响不了我”之类的观点，是绝对不能信以为真的。

拒绝暴力：删除有问题的游戏

§ 人们宣称电脑游戏多么让人上瘾、多么暴力，为什么人们要如此大惊小怪呢？难道整个游戏不都是假的吗？不是玩家在控制一切吗？

——卢克，15岁

必须面对这样一个事实：男人热爱那种肾上腺素汹涌的感觉。对于数以百万的男孩来说，想获得颤栗般刺激的感觉，只要点一点鼠标就可以了。那么这种形式的娱乐是否真的危险呢？

大卫·格罗斯曼（David Groosman）是凶杀学研究组织（Killology Research Group）的主任，在研究如何让士兵在战场上心安理得杀敌方面，他是一个专家。在那些第一视角的射击游戏中，他看到了许多与他对士兵的训练相类似的东西。如同使用飞行模拟器教人们驾驶飞机那样，那些射击游戏可以使游戏者对杀戮脱敏，甚至可以训练人们成为有效的杀手。格罗斯曼列举了一些令人不寒而栗的观察：

在肯塔基州，一个14岁的男孩带着一把a.22手枪去了学校，他开了8枪。为了有个比较，先看看FBI的数据。在真实环境下，美国刑事警官平均的水平是每开5枪只有不到一发子弹击中目标。而这个男孩开了8枪，分别击中了8个不同的学生，而我们却知道他从哪里学来的这种本领——从电脑游戏中。他的父母将两间车库改造成了电子游戏厅，他成了一个游戏高手。

在那个致命的早晨，他的行动完全是程序化的：他走进来，站稳脚跟，以站姿双手举枪，然后开始射击。他基本上不左右移动，他只是对出现在他“屏幕”上的每件东西开上一枪，一个人的正常反应应该是对着一个目标开枪直到它倒下，但电子游戏却训练你只对目标开一枪然后去寻找下一个目标，那个男孩就是用这样的方式进行射击的。多数电子游戏对击中敌人头部是给予额外加分的，这个男孩所发的8弹中有5弹击中了头部。①

当然，几乎没有玩家会达到那种极端的程度，但重要的是，一个青年人根本不应该用暴力来作为娱乐。

作家丹尼·雷文（Diane Levin）提到：调查和研究显示，美国孩子每周花在电子游戏、电视和电影上的时间平均是35个小时。②

我们督促你指导儿子去清除那些有暴力内容的电子游戏。

不仅仅是一个游戏

美国军队在使用游戏来教士兵如何杀敌已经不是什么秘密了，一些警察也同样在使用。他们不止在上班时间里玩电子游戏。有关专家们确实相信，那些游戏可以训练士兵和警察学会如何杀死真的敌人。怎样做到呢？最为关键的是重复。一遍又一遍地在游戏中冲锋陷阵、四处开枪，这会钝化人们

① 《男孩成长指导》（*A Guy's Guide to Growing Up*）作者迈克尔·罗斯（Michael Ross）接受接受大卫·格鲁斯曼的采访。

② 戴安娜·列文（Diane Levin），《遥控童年？》（“Remote Control Childhood?”），Washington, D.C.: National Association for the Education of Young Children, 1999.

对真实杀戮的敏感度。

想象一下，那些暴力的电子游戏会在孩子青春期的头脑中留下怎样的印象。

尽管高科技带来了刺激和兴奋，但有太多的电子游戏充斥着危险的成分，你应该剔除那些不良的东西，帮助儿子玩得更聪明些。

游戏计划

留意观察。放学后你儿子把什么东西塞进自己的脑子里呢？请记住，不要相信游戏机会把你儿子带到正路上去。那些游戏软件上的分级标识也未必可靠，在让你儿子使用它们之前最好仔细审查一下。

帮助他辨别。《圣经》上讲，我们的所见决定了我们的所行。如果你的儿子整天都在玩充斥暴力的电子游戏，那他将会受什么样的影响呢？你要帮他理解，那些暴力游戏可以使他对罪恶不再敏感，而即使是在游戏与电影中，人们也不应该为所欲为。

重新规划你儿子的游戏时间。让你儿子计算一下他在电脑屏幕前花了多少时间，看看自己一天里有多少个小时在玩电子游戏？即使那些相对无害的游戏，也会吞噬大量的时间，而这些时间本应该用在社交、培育心灵等其他方面。关键是：创建一个现实可行的计划，然后让孩子遵循。

请记住，不是所有的电子游戏都是有害的，有一些游戏是非常了不起的。但是，确实某些游戏会成为你儿子人生路上的绊脚石，你应该坚守的底线是：帮助孩子避免这样的想法，认为游戏只是游戏，同他的正业可以截然分开。

将关注点集中在学校、目标与前程上

巴特·辛普森最终一无所成。他满足于随大流，关心的只是立刻获得自我满足，他不计算自己行动的后果，把心思全浪费到了想方设法逃避责任上面了。

当谈到他的目标时，他完全是在想入非非了：“我要成为第一个在火星上玩滑板的人，伙计。”

毫无动力，毫无目标，毫不现实，这是不是让你听起来挺熟悉的？太多的十几岁男孩都和巴特有着相似的情况。

举个17岁男孩贾森的例子吧。自从进入青春期以来，贾森好几次因成绩太差而被学校开除，甚至有过违法记录。

在一次野营中，他的牧师问贾森，“你一生中希望取得什么样的成就？”

“我想做个海洋生物学家，”他答道，“或者做个摄影师也不错。”

“很棒！”牧师说，“那么，你认为怎样才能达到这些目标呢？”

“嘿……”贾森咕噜着，耸了耸肩，把一个木棍扔进营火当中，“我在学校里干得不太出色，而且我也没有相机，但每个夏天，妈妈都带我去佛罗里达，所以我觉得拍照或同海洋动物在一起工作一定挺酷的。”

我们相信一定有什么才华被锁在贾森的身体里，某种潜能正在孩子身体里澎湃。但问题是他缺少指导，没有来自他父母的适当激发，他最终很有可能流于平庸——永远在梦想，却从来不行动。

我们也确信调动贾森（还有巴特）的关键之处在于以下几步：

激发他的想象。让他为未来所有的可能性感到振奋：他可能经历的事情，可能游历的地方，可能成为的角色。鼓励他怀有远大的理想，并探究一下实现这些理想的可能性。（可以是参加摄影课程，在家乡的动物园做志愿者，加入某个乐队，或者参加某项运动。）

培养他将目光放得长远。贾森会把时间浪费在看电视上而不为第二天的大考做准备，你要帮助孩子认识到，这种不负责的选择不仅会带来成绩上的损失，还很有可能养成坏习惯或不良行为，从而完全毁掉了他的梦想。让他看到今天的选择会对未来的机会造成怎样的影响，鼓励他开始设定合理的目标。

建立他的自尊。我们在芝加哥会见过一些犯罪团伙的成员，他们往往会为一场篮球比赛而闹出人命来，为什么呢？他们把自己的生活视作一场游戏，完全同现实生活脱离了。对于这些孩子来讲，球场上的胜利等同于自我价值的实现。你儿子当然不会为一场球赛而和别人拼命，但也许他在球场上或教室里被激烈地抨击，也许陷于自己一无是处的想法中难以自拔。你要帮他认识到，他的生命如同一件正在制作中的艺术作品，你要告诉他，上帝从不会说，“你生当如此，并永远如此，”相反，上帝会说，“想象一下你能成为什么样的人吧。”

改掉坏的学习习惯

随着每学期的进行，许多男孩都会有一个共同的感觉：惊慌。

该做的家庭作业堆积如山，该交的论文一再拖延，直到最后一秒钟。为了第二天的考试而忙得焦头烂额已成了家常便饭，“睡觉？！”你儿子紧张地说，“哦，我只能到圣诞节时再补了……搞不好得等到放春假的时候了！”

这里有一种更好的方法，可以帮助你的儿子改正坏的学习习惯，并引导他打破那个不断失败的怪圈，从而走上正确的道路。

教他学会与老师同步。假如你儿子上课时总在想着超级本垒打或者三层汉堡什么的，他就一定不知道老师在说些什么。下面的三个步骤可以帮助他最大限度的利用好课堂时间。

- 每次当他快要走神时，都必须提醒自己的大脑要集中注意力。
- 在课堂上做笔记将给他很大的帮助，教给他如何有效地做笔记，并鼓励他在考试前连续用几个晚上复习这些笔记。
- 让他知道在遇到不懂的问题时向老师请教是一个很好的习惯。

教他改掉拖拉的毛病。这有什么可教的呢！可是，很多男孩并不能意识到自己拖拉的毛病。他们经常很难理解：如果老师分配的阅读作业是一周阅读15页的话，那就意味着他每天至少要读两页。你儿子可能需要帮助而使他的学习有规律并跟上老师的节奏，你要不断地提醒他，聪明的孩子会把作业任务消化在每一天里，而不是最后被作业搞得焦头烂额。

消除考试焦虑。也许你的儿子总是面临考试焦虑，或者为做口头陈述而惴惴不安。你应该提醒他，上帝就在他的身边帮助他呢："耶和华要保护你，免受一切的灾害。他要保护你的性命。你出你入耶和华要保护你，从今时直到永远。"(《诗篇》)

第 5 章

怎样与你的儿子沟通

Making Contact : getting
Though to Your Son

§ 我同父母和妹妹吵闹不休，为此我感到很难受。当我们争吵时，我试图理解他们的观点，但在99%的时间里，他们并不在乎我说了什么。于是，他们总是根据一些细微末节来判断。我曾试着努力改变这种状态，但却从没成功过，因为我总是很快就放弃了。只有在远离时我们才能有和平，只要一接触就会起冲突，我不知该怎么办。

——凯文，15岁

§ 我同父母总为些没来由的事情吵架，当我告诉他们我多么讨厌吵架时，结果我们还是以吵架告终，我不知该怎么办。

——卡拉布，15岁

有的时候，当你同儿子沟通时是否感到像是在同一个外星人说话？所幸的是，上面所引用的那些电子邮件显示出，男孩们渴望同他们的家庭成员保持良好的关系，渴望同你进行良好的沟通。

开启联络线

下面是三个建议，帮助你改善同儿子的沟通：

无论开车送儿子去哪儿，你都要意识到这是一个让他同你讲话的好机会。因此，尽量创造同他单独乘车的机会。这是一个做小心试探的天赐良机，你会发现他脑子里在想些什么。

问他一些比较复杂的问题，使他不能仅用“是”或“不是”来搪塞。在你们俩之间建立一个特殊的“车上时间”，以下是一些教你如何开始谈话的例子：

- 你今天所遇到的最好的事情是什么？
- 什么是今天你遇到的最糟糕的事情？
- 周末的晚餐上你最想吃的东西是什么？（然后你可以做他想吃的东西。）
- 同兄弟姐妹们友好相处，你觉得最大的障碍是什么？
- 在同父母的关系中，你最希望改变的是什么？

有一些特别的时候，你儿子更愿意敞开心扉，你应敏感地捕捉到这样的时机。也许，这些时机对你来讲可能来得非常不是时候，你儿子可能思前想后直到午夜时分才最终决定谈谈他今天的事情。如果真是这样，花些时间坐在他的床边，同他谈谈并一道祈祷。

你也许想着他从学校一回来就开始同他聊天，但他首先

你的家门应该向儿子的朋友们敞开，并随时为这群饥饿的人准备好爱吃的零食。

需要一些单独的时间，把自己的思绪梳理一下。如果他想要单独在自己的房间里发会儿呆，或者在电视前放松半个小时，请顺遂他的心愿。

修正你的沟通方式以适应你儿子。一些男孩不善言辞，所以你要发现一种使他感到舒服的方式来开始谈话。你儿子擅长写作吗？你可以采用激将法，让他同你一起完成一篇日记，选一个特别的日记本，让它只在你们俩之间相互传递。

你开始的问题要轻松、有趣儿，不带任何威胁的成分，然后让他拟几个问题由你来回答，如此一点点地将你们的对话引向深入。如果他爱写诗或者画画，鼓励他在回答问题时插进一首诗或一幅画，做这些时你们要按着各自的节奏进行，不要相互催促。要记住时间在此并不重要，重要的是彼此之间的沟通，是对儿子更好的了解。

你难以琢磨的儿子也许对日记根本就不感兴趣，那他对什么感兴趣呢？怎样才能很好地同他沟通呢？如果他是个手机短信迷，你可以给他发短信。我有一个朋友在教堂里还和儿子互发短信呢。他儿子通常同自己的朋友们坐在一起，我的朋友会给他发一些有趣的短信，比如，“你听到牧师刚刚说什么了吗？在别的地方你是不是也听到过那样的说法，你看，你爸爸不笨吧？”或者，“嘿，醒醒，快到午饭的时间了，准备饭桌上的讨论吧。”

你的短信不必很长，只要让你儿子知道你在想着他并为他祈祷就好了。你们可以用短信对日常发生的事情进行沟通，“晚饭将在五点开始，我做了你最爱吃的！”

如果你儿子是个音乐家，你可以让他听到各种样式的音

乐：露天爵士音乐会、交响乐、圣诞音乐会、流行音乐会、古典音乐、印第安舞曲等等。想办法让他参与对音乐和歌词的讨论，你可以让他写一首歌，表达一下自己最近所经历的有趣的或者伤心的事情。

或许你儿子喜欢拍摄录像。帮他找个地方去交流和学习最新的技术，帮他做好启动工作，当他搞出了什么作品时，你要鼓励他。帮他发现如何能利用自己的爱好来为上帝增添荣光，比如，他能把青年团的宣誓制作成录像短片吗？当他知道你支持他的个人爱好时，他便更愿意同你进行交流。

你儿子是一个乐曲编辑（DJ）、一个演员或者一个运动员吗？同样，发现同他交流的方法（无论是涉及唱片、赛场还是舞台）都会帮助你了解儿子。你要对他生活中的每一个领域都保持一份兴趣，支持他并尽力帮助他，使他能在这些特定的领域里更好地表达自我。

然而，还应该知道一件重要的事情，随着你儿子的变化，你们之间有效的沟通方法也应该不断的变化，日记的方式也许在他13岁时有效，但到了17岁时可能就不起作用了；也许他在14岁时对音乐并不特别感兴趣，但到了16岁时却爱上了音乐。下面让我们看看一些儿子将经历的特殊阶段，看看它们将如何影响你同他的沟通方式。

11~14岁

在青春期开始的这几年里，你儿子将要经历各种各样的情感和身体的变化。他可能会没来由的发怒，他可能会猛烈抨击自己妹妹，请记住，这些都是他体内的荷尔蒙在作怪的缘故。

14岁的凯勒狠狠摔上了卧室的门，拒绝吃午饭，这都是因为他还在上大学的姐姐说他的脚有滑雪板那么大，如果是以前的话，他本会机智地反击，但这次情况却大大不同了。

那些曾经有趣的事情现在看起来是那样无聊，他不再享受同你在一起的时间了，而是突然忙碌了起来，没有工夫儿同你相处。但第二天可能又完全不同于今天了，你怎么能跟上他的多变呢？请努力记住：

你儿子生活在一个需要他成为男人的世界里。那么什么是男人呢？根据媒体的说法，男人就是能吸引女孩的人，或者是那些肌肉发达的登山家或极限运动员什么的。你儿子可能在试着突破现有的规矩以达到那种纯爷们的境界。他可能做一些充满风险的蠢事，而在一年前，这些事他连想都不曾想过。简单说吧，他做事情并不总过大脑，更别说把事情想清楚了！

在社会认同方面，他的朋友们就是他的生命线。他将花许多时间同朋友们在一起，而不是同你相处，这很正常。他也总是花许多时间同他们发短信，如果他交的朋友是女孩的话，他会更起劲地给她们发短信或在电话上聊个不停。

他想让你参与他的生活，但不想让你对他指手画脚。他在培养自己的独立性，想要更多地自己做决定。

他在很多时候都会关起门待在自己房间里。他在自己房间里伸展肌肉，将头发梳成各种样式或者在玩电子游戏。他自己的生活在眼前不断变化。

他需要清晰的界限。他的朋友和社会文化告诉他，他需要独立，需要斩断同父母之间的紧密联系。但是，他还没有能力凭借自己的力量做出合理的决策，他的选择比以往更多地受到外部环境的影响，他因幼稚和缺少经验，而需要你的保护。

在他力所能及的情况下，逐渐给他更多的自由，同时你要密切关注是什么人与什么事在对他的选择产生影响。

他开始关注女孩。他开始被邀请参加男孩、女孩的聚会。对这样的聚会，他可能感兴趣，也可能不感兴趣。如果他感兴趣的话，他将会渴望得到女孩的关注，但也许会采用不恰当的方式。

他可能爱讽刺他人。他所相处的朋友会对他产生巨大的影响力，直接影响到他的行为方式、说话方式，以及他是否尊敬你或其他权威人士。你应该知道他的朋友都是些什么人。你儿子正处在易于轻信的年龄，因而当你看到他选择了不合适的朋友，请果断地给予干预，在很大程度上，他的朋友将决定他成为什么样子。

他对自己身体的样子会感到不安。他身体的很多地方都可能长出毛发来，嗓音也开始变化，你需要帮助他，使他确信自己的发育是正常的。发育得比朋友们早或晚，这可能会让他一时困惑，甚至感到尴尬。

帮助他平安度过这种尴尬的状态。如果他的皮肤开始长青春痘，带他去看皮肤科专家，或者在药店里买些治疗用的药物；如果他不整齐的牙齿使他难堪，则要克服困难带他去做矫正。

无论如何，只要你能做到让他对自己感到舒适，任何花费都是物有所值的。因为，他正处在一个建立自信心的关键时期。

各种仪式对他都很重要。青春期的孩子喜欢各式各样的聚会。儿子所取得的每项成就，或在他生命中具有里程碑意义的时刻，都应该成为举行聚会的理由。给他设下前进和努力的目标：参加篮球队的选拔，受到学校的表扬，在学校的戏剧演出中饰演一个角色，宣誓恪守童贞，以及第一次刮胡子等等，所有这些都是庆祝的理由。在孩子进入青春期后，他的生活应该是丰富多彩的。

15~16岁

这是孩子生命中非常有趣的一个阶段，他变得更加自信，他所感兴趣的领域开始变窄，才华开始显现。你将看到他所做出的选择成熟了许多，也愿意更多地承担责任。

在此年龄，他想要更多的钱。达林只有15岁，但他开始想要一辆汽车了。他开始卖掉许多不再需要的东西，比如穿不上的衣服、旧玩具和旧乐器等。虽然卖掉这些东西并不够买辆汽车，但他已迈出通往梦想的第一步了。被自己的成就所激励，他干劲十足，在暑假里找到三份临时工作并在开学后仍保住了其中的一项。当他到16岁时，他已经攒够了钱去买一辆很旧很旧的汽车。“我们都钦佩他的努力，”他的父亲说，“他通过自己的方式挣钱来实现自己的愿望，我们对此感到非常骄傲。”

在这个年龄，男孩们非常愿意去挣钱。也许是送报纸，

也许是剪草坪，或者遛狗，让孩子找一份临时工作能教会他更好地处理金钱问题和承担责任。

在此年龄时，你会发现他在哪些方面拥有天赋。他会更多地参与课外活动，因而你会变成一个忙碌的车夫（至少在他获得渴望已久的驾照之前是这样）。你应该支持他的各项活动，去参加他的象棋比赛、音乐会、篮球比赛，或者空手道比赛等活动。

朋友成为他生活中更为紧密的一部分。事实上，他可能有很多时间不在家。他在忙于交朋友，对此你应该大加鼓励。你的家门应该随时对他的朋友们敞开，并为这些饥饿的孩子们准备好他们爱吃的零食。

赖利的父母在他15岁时决定把家里的地下室装修一下，因为他们希望有一个安全而充满乐趣的地方可以让他同朋友们一起玩耍。他们还让赖利同朋友们一起参与装修的过程，并想要把地下室整个交给赖利管理。

赖利决定让地下室的布置风格围绕着体育这个主题，他和朋友们把所收集到的丹佛野马队的纪念品拿来了，“我们买了些海蓝色的沙发和一个平板电视，”他妈妈说，“但我们把所有的装饰工作留给了孩子们，他们用野马队的桔红和蓝色的枕头、毯子点缀了整个屋子。”

“它真的很酷，”赖利说，“它像一个不卖酒精饮料的运动酒吧，我们在那儿放了一个小冰箱，并在那里打电子游戏，真是太棒了，我的房子人人都想去。”

你的预算可能不允许你为儿子和他的朋友们准备一间地下室，但你仍可以使你的家变成一个有趣的地方。你的家门应该永远为他的朋友们敞开，在周末和放学后，男孩们需要一个安全的地方聚会。

别担心你的房子不够干净或者不够大，他们只是想待在一起罢了，你只要给他们提供一个温暖友善的环境就可以了。他们可以一起看电影，玩游戏，并把你的冰箱一扫而空。这些花费不了太多，给他们一些吃的，你家将变成全城最流行的去处。

你儿子开始视自己为一个男人，并开始迎接他的男人时代。即使荷尔蒙仍旧在泛滥，他也已经适应自己的身体了。你将注意到他去健身的次数增多了：他渴望加入健身俱乐部，或者出去长跑以增强自己的体魄。

你儿子正在发现自己的个性。不要总拿他同其他孩子比照，他可能与他们完全不同。你应该为他的这些不同感到高兴，而不要极力拿别的孩子作为榜样来要求他照做。

如果他喜欢去远足，就同他一起去远足吧；如果他喜欢写作，就阅读他的作品并鼓励他发展自己的天赋吧；如果他热爱戏剧，就做他最大的粉丝吧；如果他热衷于摆弄机器，就帮他申请一个机械自动化的学习班吧。你儿子是一个有用之才，要允许他去发现自己的天赋究竟在哪里。

他开始思考自己的未来。鼓励他寻求自己未来的发展计划。当面临着令人眼花缭乱的种种可能性时，想清楚自己是谁、能干些什么往往是一件令人发怵的事情，你应该指导他去发现自己的天赋，鼓励他去不断尝试。

他需要知道你对他满怀信心。无论是球场上的失利还是考试中的成绩不佳，都会让儿子感到失败。此时，你要祝福他，让他知道你对他充满信心。也许他反复尝试才能通过驾照考试，你要提醒他记住自己最终的成功而不是先前的失败。

你儿子需要得到你的认可，而不是被你讽刺与取笑。他的身体在变化着，他对自己的相貌更加敏感。千万不要拿他的头发、体格或者他的朋友开玩笑。我有一个朋友，每当听到自己儿子说喜欢某个女孩时就会取笑他，“哦，你喜欢艾比？你跟她套近乎了吗？你拉过她的手了吗？你打算那么做吗？”

只要他的爸爸开始取笑他，他就变得沉默不语了。难道还用费尽心机地揣摩男孩为什么不对父亲谈他的个人生活吗？他不想成为一个被取笑的傻瓜。他的父亲从未想有意地伤害他，但他不知如何有效地同儿子沟通，便采取了一种他自己感到舒服的方法：取笑和挖苦。他为此付出的代价是，在两年内他们都关系冷淡。

作为父母，你的角色也在不断地变化。现在，到了该退后一点的时候了，你可以更多地从旁观察，看自己的儿子逐渐成为一个独特的男人。

如果你还像他十一二岁时那样对待他，就一定会遇到麻烦的。他已经不是一个孩子了。在进入青春期后，你的养育方法就应该改变。当他不叠被子或者把房间弄得一团糟时，再威胁说要对他进行惩罚将毫无用处。他想要得到尊重，你要像对成年人那样同他谈话，而不要再把他当成孩子了。

不过，他仍然需要你，甚至比以往更加需要你。也许，为了开始头一次约会，他要向你咨询建议。在这段动荡的中学岁月里，一切都可能平稳过去，但也有可能在你们之间爆发激烈的冲突，直到大家都习惯了孩子的独立和长时间离家。

17~19岁

在这个年龄段，父母要更加懂得放手。儿子已接近高中毕业，即将升入大学。社会已把他当成人看待了，他要为自己和自己的选择承担起更多的责任。

现在，儿子更需要你的指导而不是说教。如果他领到了超速罚单，他就要自己交付罚款；如果他决定上离家千里之外的大学，那就意味着他不能隔三差五地往家里跑了。通过交流你要告诉他，必须做出这些重大的决定。他必须明白承担责任的重要性，在这方面你要以身作则。你及时付账单吗？在超市购物后，你是把购物车放回指定的地方，还是将它扔在停车场？儿子在观察你呢，他对待责任的态度很大程度上取决于你做出了怎样的榜样。

他想同你进行交谈，而不是听你发号施令。他需要你的意见，但想自己拿主意。他愿意同你讨论自己的选择，但并不想让你代他做决定。例如，你可能规定晚上11点前必须回家，但他可能想要推迟到12点以后，你不要生硬地说不行，你应该开动脑筋，同他就这个问题进行讨论。

“饭馆在11点时都打烊了，有什么事真的值得深更半夜去做吗？”你和他谈谈这个问题，也许他只是想和朋友们多待一会儿，“你们午夜后能干些什么呢？开车兜风？去找其他的朋友？去哪个人的家里？你想过深更半夜会遇到什么麻烦吗？”你要帮助儿子最终自己做出判断：半夜不着家确实得不偿失。

约会和恋爱

在青春期的后期，儿子将要发展同异性的关系，让我们花点时间来聊聊这个话题吧。

爱、被爱、供养家庭是成年男人最核心的问题。儿子如何表现，很大程度上会受到你的影响，因为，他观察你如何同丈夫相处，并从旁加以学习模仿。

在这个极为重要的个人问题上，你应该鼓励孩子将眼光放得高远一些，当然，最好的方法是你同丈夫要给他树立一个恩爱夫妻的典范：

- 你尊敬你的丈夫吗，或者只是为了婚姻而婚姻？你真的想要他吗，或者你只是需要一个男人来照顾你？
- 你对自己丈夫的想法、思想和所作所为感兴趣吗？在日常生活中，你对一些普通事情的态度怎样，比如在哪吃饭、周末干些什么等等。你儿子是否觉得你只对自己想做的事情感兴趣？
- 当你丈夫伤心、焦虑或恼火时你是否能注意到？你儿子是否认为你以自我为中心？
- 当丈夫不在身边时你是怎样对朋友描绘他的？你是否抱怨他或者贬低他？
- 你如何对待你的公婆？你看望他们的次数是否同看望自己父母的次数相等？你是否敬重他们？
- 你儿子是否见过你激励丈夫去努力施展自己的才华？

- 你儿子是否注意到你要求丈夫对自己彬彬有礼——为你开门，给你让座——或者你格外独立，一切事都自己做？
- 你接受自己丈夫当下的样子吗？或者你试图改变他的着装风格和发型，改变他的爱好并让他只专注于你和你感兴趣的事情？

你要让你儿子相信，作为一个独特的男人他是那样宝贵，他应该小心挑选自己所爱的人并愿意为此付出时间。

当你了解了在不同的阶段里你儿子将要经历的那些事情后，你便可以更有效地帮助他克服一切困难。

第6章

帮儿子展露“真自我”

Helping Him Unmask
His “True Self”

即使你的儿子在效仿他爸爸的男人味（或者其他别的男人），你是否想过，在这过程中你可以扮演什么样的角色？

事实是，在五个关键的环节上，你可以帮助孩子认清自我，逐渐成长为一个男子汉。它们是：(1) 你教孩子懂得，男人和女人各自有怎样的独特性；(2) 你要给他展示，如何正确地同异性相处；(3) 你要打磨他粗劣的棱角，训练他拥有绅士般的举止；(4) 你要指导他清除那些大男子主义的神话；(5) 你要培养他的勇气，使他能够坦露真实的自我。

我（米歇尔）从没有对第四和第五点多加考虑，直到我妻子（蒂法尼）给我讲了她与其他两个母亲所进行的生动对话之后，我才醒悟。

我们八岁的儿子（克里斯托弗）每天放学后，我妻子和她的两个好朋友（凯蒂和康特尼）就会一起到附近的公园去。当她们看着孩子们在滑梯和秋千上疯玩时，就开始闲聊，或彼此交换各式各样的八卦故事，她们甚至还一起研习《圣经》和做祷告。这几个母亲在子女教养、宗教信仰和政治态度上都持有相同的观点，但在养育男孩上她们却面临各自不同的困难。

凯蒂有三个儿子（分别8岁、9岁和13岁），在她的描绘中，孩子们彼此之间完全不同。大儿子安静而喜爱艺术，老二非常随和并擅长社交，老三则爱寻求刺激和竞争。康特尼忙于应付她的两个儿子，她九岁的小儿子是一个充满想象力的小说家，而大儿子再过几个月便13岁了，是一个情绪易变的男孩；我妻子和我有一个精力旺盛的男孩，他想当兽医，或者当个赛车冠军什么的。

一天，凯蒂围着坐在公园长椅上的康特尼和蒂法尼来回踱步，并说道："我有一个问题：有没有什么神秘的法术让我们看清楚男孩的大脑是怎样工作的？真的，男孩的脑子里都在想些什么呀？"

围绕着教养方式这个话题，三个母亲开始了内容丰富的谈话，每个人都认真地梳理了一遍自己同儿子的沟通方式。

以下是蒂法尼向我复述的对话内容，如前面所说的，这真使我大开眼界。还是让我们听听吧：

妈妈间的对话：如何培养一个更出色的男孩

凯蒂：我们家男性占了绝大多数，好些天里，我快要神志不清了，他们就好像活在自己的世界里，真是难以理解。

康特尼：我们家里到处充斥着打打闹闹，当我丈夫和孩子没有砸碎家具或彼此打闹时，他们一定在全

男孩错误地相信：对男人的衡量标准就是苛刻的“男人法则”——不畏缩、不示弱、不哭泣、打掉牙和血吞，再加上男孩有一种“我不会受伤”的心理，于是他就变成了一个危险的混合体。

神贯注地打电子游戏。只有同你们俩人，我才能进行正常的交谈。

蒂法尼：你所谓的正常交谈是不是指谈话双方最终不会有人发火或者争辩？我正在试着教孩子如何控制情绪，但连我自己都快控制不住了。而他还不到10岁呢，情绪好像是坐在一辆过山车上似的，他想问题的方法同我的完全不同，我筋疲力尽了。

康特尼：我理解，和我一样，每次我都以为自己把问题想清楚了，但他们总变来变去。

凯蒂：这很神秘，但恰恰揭示了上帝有多么的神奇，我的意思是，上帝可是按照他自己的样子创造男人和女人的呀。但我们被设计得如此不同，而只有当我们彼此拥有时才能发挥出自己最大的能力来。

康特尼：所有的一切一定令男孩们非常困惑，你知道吗？我记得自己在他们这个年龄时，想要搞清楚自己是谁有多么的困难，而且我那时需要处理的问题还不到现在的一半多呢。男孩身上背负了如此多的期望：应该这样做，应该看起来像那样的，应该参加这些体育项目，应该上这些网站，应该交女朋友，等等。有那么多人告诉他们应该怎样，他们显然是超载了。

蒂法尼：我知道，他们现在需要想清楚的事情比我那时多两倍，男孩似乎必须服从一个“男性法则”。

凯蒂：我总在想，儿子们应该向我征求建议。但我看到的是，我的大儿子一遇到压力就退缩，我必须找到一种方法让他们知道，他们所经历的一切都是正常的，是生存所必须的。我不想让他们被所谓的“男性法则”给洗了脑。

康特尼： 我很高兴知道自己并不是唯一需要面对这一切的人，那么，我们该做些什么呢？

凯蒂： 我想我们必须坚定，我的意思是既然他们被荷尔蒙的肆虐折腾得不轻，我们便更得保持清醒了，对吧？

蒂法尼： 坚定不移并不断地祈祷，这很难。

康特尼： 这确实很难，尤其是教养孩子时必须同孩子们形成合作关系。我知道我还必须指导他们，在我看来，支持孩子变得越来越重要。我需要发现新的方法让他们知道，当他们感到力不胜任和困惑时，可以指望我的帮助。

蒂法尼： 对他们的疯狂举动也要支持吗？

康特尼： 男孩应按男孩的方式造就，我猜想关键是教会他们如何成长为一个男人。我们永远也不要犯这样的错误：将一个男孩教养成一个女孩。上天给了他们那么多睾丸酮激素，我们能改变吗？总之，等到他们离家去上大学时，我再换好家具吧。

凯蒂： 还有，孩子从父亲那里学习如何成为男子汉，但磨平孩子粗劣的棱角却是母亲的任务，我们教孩子如何成为一个绅士，我们帮助他们坦露真实的自我，这些就是我作为母亲的目标。

你能理解这些母亲的苦心吗？你赞成她们的言论吗？你如何看待来自康特尼的警告（永远不要将一个男孩教养成一个女孩）？当你帮助自己的儿子抛光他粗劣的棱角时，我们鼓励你去称赞他的性别，帮助他欣然接受自己，培养出真正的男子气概。

为什么聪明孩子会做疯狂事

这一切全在于男性的荷尔蒙水平以及神经发育的类型。事实上，男孩是天生的冒险家，正如詹姆斯·多布森博士（James Dobson）在作品《养育男孩》中指出的那样，“养育男孩最可怕的一点是：他们会毫无理由的去冒送命或缺胳膊断腿的风险。”多布森博士引用了一项研究，该研究比较了男孩和女孩的冒险行为，得出的结论是：女性通常会权衡后果，“如果一件事有潜在的危险，她们很少会鲁莽行事。”[①]

与女性相反，许多男性却只关注瞬间的刺激，而看不到事情的整个方面。他们不愿意示弱，要在朋友面前逞强以证明自己的男子气概。正如凯蒂、康特尼和蒂法尼在前面对话中所讨论的那样，男孩生活在压力之中。在他们很小的时候就被告知，“不要畏缩，”“不要示弱，”“绝不哭泣，”“做个男人要打掉牙和血吞。”结果是让孩子们错误地相信：对男人的衡量标准就是这些苛刻的“男人法则”。再加上男孩有一种满不在乎的感觉——觉得“我不会受伤的”——使得他们变成了

① 詹姆斯·多布森博士（Dr. James Dobson），《养育男孩》（*Bring Up Boys*），Wheaton, 1L: Tyndale Publishers, 2001, p4

一个危险的混合体。

让我们认识一下杰夫、布莱恩和沙恩吧，他们是三个十几岁的少年，全都陷在这些常见的大男子主义的陷阱里难以自拔。

大男子主义陷阱之一：盲从

阳光、沙滩、冲浪，佛罗里达的海滩是杰夫梦想中的春假旅游地，但为什么他没能去度假而是待在警车的后座上呢？

“我和那些男孩在爬饭店的阳台时被抓住了，”这个18岁的孩子事后说道，“我应该拒绝递过来的另一瓶啤酒，也应该拒绝做那样的蠢事。但是，每个人都在欢呼，我感到我必须展现自己的男子气概，男孩面临许多的压力去表现自己的勇猛，可我们怎么把事情搞得一团糟呢？”

大男子主义陷阱之二：时刻想着性

这是一个闷热的夜晚，但16岁的布莱恩却对炎热毫无怨言。他斜靠在自家的门廊上，胳膊紧紧搂着一个姑娘的腰肢，这个姑娘是他在几天前才认识的。

他那伙朋友每周都搞约会，这为艳遇提供了很好的机会，但布莱恩告诫自己不要太出格了，因为他在教堂宣过誓要守住童贞。

但是……

“我们没做什么错事，”他拼命让自己相信，“而且，我毫无经验，是时候了，我应该长大，成为一个男人。”

大男子主义陷阱之三：坚信自己战无不胜

20岁的沙恩原是一个前程远大的高校橄榄球球员，如今他却坐在轮椅里。在一次鲁莽的冲动中，他带着头盔试图撞开一扇铁门，他当时吸了大麻。

“我搞不懂我为什么这样做，”他说，“我知道吸毒是其中的一个原因，但只要我和男孩们在一起，我就像换了一个人似的。我感到自己无坚不摧，好像上足了发条，如果我不能冲上去证明自己的话，我就感觉自己不再是个男人。”

你的儿子处于危险中吗？

聪明的孩子，愚蠢的选择，是不是？在这些故事里，男孩们所描绘的那些大男子主义的错误观念（或者叫做男人法则）束缚着许许多多的男孩。

文化定式。在杰夫的例子中，在他对男子气概的理解中，文化定式扮演了重要的角色。在他看来，一个真男人应该什么样子、怎么说话、怎么行动，全由大家是否认可来决定。不过，他疑问道：“我们怎么把事情搞得如此一团糟呢？”

性行为。布莱恩认为：成为一个男人最重要的标志是有过性行为。他被这个信念纠缠着，决定不妨一试。最终，他在那个火辣的时刻向自己的欲望屈服了。“这真的很疯狂，”他说，“我干了想干的事情，却依然没感到自己像个男人。”

蛮力。沙恩坚信一个真的男人可以战胜所有的挑战，并通过勇力证明自己。被迫待在轮椅上对他来说是一个残酷的现实。如今他正在重新思考每一件自己曾经坚信的事情——生活、真理以及自己走向男人世界的道路。

在成为男人的过程中，你儿子正处在哪个阶段呢？他是如何定义男人的？在他看来，一个男孩成为一个男人的关键点是什么？一旦他达到了那个关键点，他如何知道自己是否真的成功了？

对于什么是真正的男子汉，你儿子很可能非常迷惑。毕竟，你和教会这么说，他的朋友们却那么说，而媒体又经常描绘一幅令人可望不可及的男子汉形象。

看看孩子们是怎么对我们讲的吧……

§ 人们所期望的男人好像都是一个模子刻出来的似的，这真让我讨厌。在学校，我必须戴上那个坚强男人的假面具，按照大家期望的方式行事。我真的希望我只做我自己，但假如我不气势汹汹，就会成为被欺负的对象。

——布莱德，16岁

§ 男孩的世界是个吓人的丛林，假如我们暴露了自己的软弱，便会成为其他男孩追逐猎取的目标，真正是弱肉强食啊。

——韦斯顿，15岁

§ 我原以为教堂里的男人会与众不同，但常常并不是这样的。即使虔信基督的男人内心也很害怕，处处循规蹈矩。但我想过不同的生活，想按照自己的天性生活。

我觉得自己处处都看不惯，甚至照镜子时，我都不知道自己是谁。环顾学校，到处是小帮派和一群群模仿者，那些所谓的“酷男”只和其他的模仿者一起玩，如果你不合他们的标准，日子就会很难过。

——德文，16岁

§ 有时候我感到失落、孤独和被人遗忘了，而过了一会儿，我又感到所有的人都在看着我——就好像我在演出奇怪的少年剧似的！

——伊恩，15岁

§ 十几岁的男孩做起事来简直一团糟，我知道这个，因为我便是其中的一个。如果你不按照一定的方式说话和行事，你就会麻烦不断。对于男孩来讲，生活就像地狱，而父母和老师对此一无所知。

——斯蒂文，14岁

解构男人的神话

尽管有着许多的困惑，你仍要帮助孩子想清楚如何成为一个虔诚的男人，如何躲开那些导致关系紧张、阻碍心灵成长的陷阱，如何避免那些会导致终身遗憾的事情。

在真实世界中，坚强的男人并不害怕流露感情，当他们看电影、亲吻婴儿，或为所爱的人挑选鲜花时，甚至会流下眼泪。母亲必须告诉孩子真相：粗野、蛮力或对女性的征服并不是男子气概。相反，一个男人的力量在于他有勇气去与众不同，追求荣誉、正直、纯洁和美德……

“成年=大男子主义”

神话：一个真正的男人应该是粗野、强悍、粗鲁、冷冰冰的、强硬、无情、沉默、面无表情、不动感情、毫无热情的。他从不流泪，总是摆出一副毫无表情的脸。

真相：“你们务必要警醒，在真道上站立得稳，要做大丈夫，要刚强。”（《哥林多前书》）

一个真正的男人会重新定义大男子主义，尽管他不能总做到最好，但却总是努力不辍。

- 他是一个保护者，一个灵魂的守护者，一个爱人和一个领导。
- 他是一个充满诗意的武士：强大的心灵有时候坚毅而不驯服，有时候又精致而温柔。
- 他满怀信心地表达自己的感情，获得真正的力量。

“男人的体味是真正男子汉的魅力所在”

神话：洗内衣？！干嘛呀？敏感、沐浴、购物——那些都是女孩的玩意，男人应该忙于修汽车、看体育比赛、喝啤酒、打嗝、挠痒痒、讲黄段子。

真相：“神就照着自己的形象造人，乃是照着他的形象造男造女。”（《创世记》）

一个真正的男人不会盲从社会上流行的男人样板，他也不需要别人告诉他得成为什么样子。

● 他从自己的真情实感中获取信心，相信自己所体验到的就是上帝造男人时的初衷。

● 他的男性特征非常鲜明，不仅与女性有明显的不同，而且同其他男人相比也很独特。

● 他为着某个神圣目而出生，他的个性与他的使命完美的匹配。

母亲需要做到：现在是搜寻记忆的好时候了，母亲自己青春期时的故事可能正浮现在眼前。即使你儿子不愿意听你的故事，但又何妨一试呢，他往往只是嘴硬而已。告诉他在你的记忆里，所认识的男孩们都是如何忙于给对方留下好印象；告诉他你总是在寻找那些与众不同的人，那些有勇气成为他自己的人；告诉他一个人如果有勇气走自己的路，就证明了他比那些人云亦云的男孩成熟了许多。

"进行过性爱是成人的标志"

神话：有能力制造精子并进行性交是区分男人和男孩的关键。在有过初次性体验之后，男孩开始成为男人。

真相："神的旨意就是要你们成为圣洁，远避淫行。要你们各人晓得怎样用圣洁尊贵守着自己的身体，不放纵私欲的邪情。"(《帖撒罗尼迦前书》)

一个真正的男人知道，性爱不能把一个男孩变成男人。

● 他应该知道，性欲是好的，为此他应崇敬造物主。

● 他相信在神圣的婚姻誓言约束下，性爱是有趣的、刺激的、充满激情的。

● 他知道错误的性行为（婚前性行为）毫无满足感可言，

它们是痛苦的、残忍和危险的。

母亲需要做到：永远不要讥笑孩子对异性的感情，不要认为那是愚蠢或幼稚的行为。荷尔蒙在孩子体内激荡，他的感情是非常真实的。假如你不严肃对待，你儿子将认为你根本不懂，于是他便更有理由对你保持沉默了。记住，他基本上还是个孩子，还只关注着眼前的事情，还没有足够的阅历看到20年后的道路。你应该立场坚定地指导他，应该尽量多问他问题，然后听听他想告诉你些什么。不要被困难吓到，此时正是成年人发挥作用的时刻。

“男人应即时行乐”

神话：生命是短暂的，然后你将彻底消失，谁又会在乎身后事呢？

真相：“按着定命，人人都有一死，死后且有审判。”（《希伯来书》）

一个真正的男人应该对他的行为负责。

- 他知道他的选择会引来后果，因此他会努力做到：(1) 计算代价；(2) 不放过机会。
- 他相信品德要靠名声来传播。

母亲需要做到：永远不要轻视孩子想证明自己的愿望，同时，也不要过分鼓励他那样做。孩子需要自由，需要发现自己，但他毕竟还只是个十几岁的孩子，能够理解这一点非常重要。问他一些问题：你想过每天的决定都会影响未来的生活吗？哪些决定能长时间的坚持？为什么？哪些决定是无关紧要的？为什么？你担心朋友们对你所做出的决定有什么反应吗？你的行动能帮助你取得人生的目标吗？你的人生目标是什么？你觉得有可能从别人的愚蠢决定中汲取经验教训吗？能举个例子吗？帮助他训练自己去问这些问题。冷静下来考虑事情的后果，把它当成一条终身遵守的纪律，这可以帮助他生活得睿智。

“真正的男人永远不表露真情”

神话：男人应该是坚强而沉默的，永远不向任何人洞开心扉。

真相：“我若能说万人的方言，天使的话语，却没有爱，我就成了鸣的锣，响的钹一般。我若有先知讲道之能，也明白各样的奥秘，各样的知识。而且有全备的信，叫我能够移山，却没有爱，我就算不得什么。”（《哥林多前书》）

一个真正的男人懂得用耶稣的方式去爱。

- 他相信爱是牺牲，是服务，是给予，爱是为他人不惜献身。
- 无论流行的说法是什么，他相信男人是要彼此相联系的。
- 他渴望爱与被爱。

母亲需要做到：鼓励你的孩子不要总考虑自己，要试着去做一个侠义英雄。激励他去尝试一下以下这些事情：为别人准备食物；拜访在救助院里的人们；帮助一个朋友打扫房间或做功课；给朋友买张唱片（即使他并没过生日）或者带邻居的小孩去打棒球。最好去做一些别人从不敢期望有人愿意做的事情。

“男人世界的法则是最适者生存”

神话：真正的男人是强壮的、残忍无情的，他们为了一件事情而生：打败所有的竞争者。

真相：“向软弱的人，我就作软弱的人，为要得软弱的人。向什么样的人，我就作什么样的人。无论如何，总要救些人。凡我所行的，都是为福音的缘故，为要与人同这福音的好处。岂不知在场上赛跑的都是在跑，但得奖赏的只有一人。你们也当这样跑，好叫你们得着奖赏。凡较力争胜的，诸事都有节制。他们不过是要得能坏的冠冕。我们却是要得不能坏的冠冕。所以我奔跑，不像无定向的。我斗拳，不像打空气的。”（《哥林多前书》）

一个真正的男人有一个健康的竞争观。

- 他知道，上帝不会对他闪闪发光的奖杯和第一名的奖励感兴趣，上帝看重其他的东西：心承上帝的力量而转变，眼因上帝的意志而凝聚，手为上帝的事业而忙碌。
- 他不会把所有的事情都变成竞争，以证明自己的优越。相反，他的目标不再是打败竞争对手，而是进一个精彩的球、实施一次绝妙的助攻、坚守游戏的规则、提高自己的技巧、为大家树立一个好的榜样。

母亲需要做到：帮助你的孩子控制他想要竞争的冲动，保持一个健康的平衡状态。鼓励他以下面这些标准检查一下自己：

● 我将牢记竞争是暂时的——正如同世间万物一般。但天国永存，我将专注于上帝赐予我此生的价值和目的所在。

● 我从不相信只有超越对手才是胜利者之类的谎言，我的价值在于上天的评价，而非由我在尘世间的所作所为来决定。

第 7 章

怎样应对青春期的性问题

Lust, Sex, and Dating

你大概很清楚，青春期的男孩对性的欲望经常像飓风一样强烈。事实上，有四种强烈的“性风暴”袭击着大多数男孩（经常是强度极大），它们是：性幻想、手淫、色情影像以及来自性淫乱的诱惑。

在上述的每个方面都能自律，是一种非常重要的能力。当坐下来写这些文字的时候，我们已收到了数以千计的邮件，它们来自受着各方面性问题困扰的家庭。许多男孩感到在色欲面前无力抵抗，他们的父母对如何帮助自己的孩子也毫无办法。在这些信中，我们选一些你可能会感兴趣的问题，换句话说，我们想给你提供一些处理类似情况的建议，你在其中一定会发现有些问题是你儿子正在面对的。希望我们的答案可以帮助你指导儿子。

色欲的控制＝思想的巡查

§ 从我12岁起，我就受到色情影像的困扰。我恨色欲对我的影响，我对我做的事情感到恶心，但诱惑摆脱不了，它对我非常有吸引力。我向爸爸谈到我的挣扎，他非常支持我，并原谅了我的行为。可是我还是无法避免上网或做那些关于性的想象。在我满足了肉欲后，我感到恐惧，我发誓这样的事再也不会发生了。然而几天以后，我还是做同样的事情。我想要摆脱色欲的纠缠，我感到自己在一个大坑里并在不断地往深处沉，你能帮助我吗？

——凯勒，17岁

§ 我再没法控制自己的大脑了，关于性的想法随时在我的脑袋里转悠，我知道对于性的渴望是上天赋予的一种生理反应，但我仍对自己脑子里的想法感到愧疚，我厌倦了这样的生活，我想要获得帮助，我希望改变！

——鲁斯，15岁

§ 我准备以牧师作为职业，但我的行为仍像个孩子，总是在与性欲周旋：我看色情影像，我没完没了的手淫，我像看待猎物那样看待女性，没有给她们足够的尊重。我感到可悲和羞愧，我想过正确的生活，但我从哪儿开始呢？

——肖恩，19岁

§ 我真的孤立无援了，我应付色欲问题已经好几年了，现在，我看起来马上就要被打垮了。我发誓要保持纯洁，有的时候能勉强做到，但通常又很快滑落回罪恶中，我已经疲

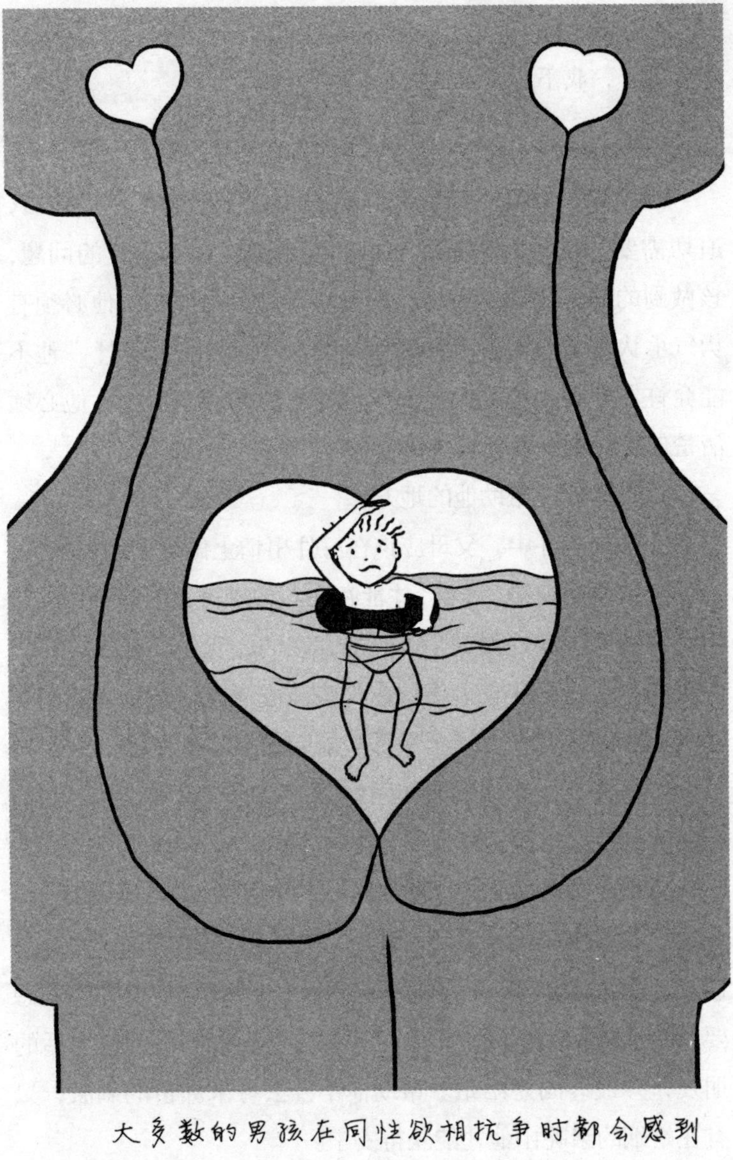

大多数的男孩在同性欲相抗争时都会感到羞愧和孤独，可以就两点与孩子进行沟通：1.你是正常的！2.你对性的渴望是好的、健康的、自然的！上天并不想让你断绝这些渴望，只是想帮你控制渴望。

倦不堪了，我下一步该做什么呢？

——马特，17岁

同凯勒、鲁斯、肖恩和马特一样，男孩们都在挣扎着，迫切需要一份计划来帮助他们抵御色欲。而对这样的问题，该做到的第一步是：对自己和家长要绝对的诚实。他必须有勇气承认自己的软弱，他还要说“够了，到此为止吧！”他不能允许罪恶在自己心中落脚，但为了达到这个目的，他必须清楚他应对的东西到底是什么。

这正是你能帮助他的地方。

在这场战斗中，父母应该在三件事情上做好沟通：

色欲只有获得“养料”才能存在。如果得不到许可，没完没了的性幻想和性渴望是不可能存在的，我们不能放纵自己的头脑和眼睛，让它们停留在那些能成为色欲能量来源的东西上。帮助你儿子清理干净那些能勾起欲望的东西：带有挑逗性的电影、杂志、歌曲和网站。帮助他认识到，无需这些有目的的挑逗，他已经有了足够的性欲。

色欲是爱的敌人。想要靠近某个特别的人是自然赋予我们的欲望。魔鬼正是利用了这种渴望使我们相信，异性就是被创造出来满足我们的欲望的。因此，男孩可能以为他是想要满足性欲，而实际上他真正想要是一个能同他分享生活的朋友，并最终同她结婚。帮助他不要去寻求廉价的刺激，只有在婚姻的亲昵中他才能获得安宁。

如果孤军奋战，色欲就会击垮他。色欲不能打败他的团队。你儿子的团队中有哪些人呢？有这样一些成员：圣灵（他能给你儿子克服恶行的力量）；圣言（用它们作为抵御不纯洁思想的武器）；他的牧师，他最亲近的朋友，特别重要的是他的父亲。让他知道他团队中的每个人都曾经（或正在）面临着与他相似的挣扎。

帮他理解发生了什么

性兴奋最先开始于大脑中（有时是下意识的），然后经神经系统触发了身体的反应，最终加快心率并使阴茎勃起。

因此，抵制色欲的关键之处在于过滤那些进入大脑的东西。他的大脑通过什么与外部世界连接呢？那就是感觉。对你儿子而言，可能绝大多数重要的性感觉都来自于视觉，男性天生倚重于视觉，这就是为什么色情影像成为如此巨大的产业，甚至连虔诚的男士都难免被它击中。只需稍微一瞥，性欲就会在多数男性头脑中蕴酿了。

准备好。有两种诱惑：一种是可以避免的，而另一种就没法避免了。你儿子无法躲开在街上行走的姑娘们，但他可以避免那些黄色网站和电视。让他明白诱惑总是潜伏在墙角，鼓励他时刻保持警惕。

忙碌。国王大卫不同他的武士去战斗，而是闲在宫中终至性堕落，终日无所事事就会邀请色欲来填补空虚。

留意他和谁在一起。他朋友们的语言、习惯、态度和所开的玩笑都将对他产生极大的影响。

母亲如何能够影响孩子的改变

请放心，如果你儿子感到自己有了错误并渴望改正，那就意味着他在正确的道路上前进呢；假如他承认自己在同色欲做着斗争，那可能意味着上帝在他的心中起了作用，将会指引他的行为去清除污垢治愈伤口。你儿子必须要坚持住自己的努力，告诉他要诚实的、敞开心扉的与上帝交谈。

在性问题上，你丈夫的作用非常重要（或者其他孩子所信任的成年男性），他需要介入并指导孩子怎样将自己在色欲上的挣扎让他人知道。无疑，你儿子会感到羞愧和尴尬，他更愿意将问题藏在心中独自处理，但告诉他："上天知道他的想法和私下的行为，他比你更懂得你处境的艰难，向他祈祷并承认你的软弱和过错吧，向他承认你缺少控制性欲的力量。"

接下来，你要每天为你的儿子祈祷，请求上帝医治他的问题并让事情变得美好，鼓励他的父亲同儿子一起祷告。

获得健康性行为的良方已为《圣经》所勾勒，使徒保罗在《撒罗尼迦前书》中写道："神的旨意就是要你们成为圣洁，远避淫行。要你们各人晓得怎样用圣洁尊贵守着自己的身体。不放纵私欲的邪情，像那不认识神的外邦人。"与你儿子分享这段话语吧。

你需要帮你儿子迈出的最后一步（可能是最难的一步）是：确保让他有规律的同一个可靠的搭档会面（最好是孩子的父亲），他必须每周（如果做不到每天的话）向一个信任的年长男性坦承自己的挣扎，在抵御性诱惑时，男孩必须同其他男性并肩作战。

提醒你儿子铭记，在生活中我们都必须为自己的所有选

择负责，[①] 底线是：在上帝的帮助下，每个男性都必须寻求对性欲自我控制的方法，上帝需要他这样做，女性有权要求他这样做，这能帮助他成为一个真正的男人。

性　欲

§ 我时时刻刻都在想着性，偶尔看黄片儿。几乎每天都带有性内容的故事让我激动。我总是做性幻想，我觉得自己有问题了。我不知道该做什么或者该和谁谈谈。我古怪吗？我是不是成瘾了？

——本，14岁

§ 假如两个要好的人在没结婚时就发生性行为的话，谁又能阻止呢？作为一个基督徒，我总被教育说婚前性行为是错误的。问题是我在《圣经》中并没有找到具体写到这点的段落，为什么每个人都做的事情对基督徒们要制造出那么多清规戒律呢？

——亚历克斯，17岁

§ 说黄色影像是错误的我完全赞成，我非常好奇《圣经》是怎样区分好的与坏的性行为的，我想手淫是一种过错，《圣经》中有好几处告诫我们不要淫乐，可是，上帝并没有谴责性行为，实际上，他用性将结婚的伴侣绑缚在了一起，另外，婚前在头脑中想象性爱是罪恶的吗？在婚后想象又怎样呢？

——王，15岁

---

① 海伦·布莱卡比和理查德·布莱卡比（Henry Blackaby and Richard Blackaby），《感受上帝每一天：虔诚》(*Experiencing God Day by Day: A Devotional*), Nashville: Broadman & Holman Publishers,1998,p242.

§ 怎样知道自己是否失去了童贞呢？我是一个基督徒，我同女友陷入了热恋中，我们曾经互相进行抚摸，我们俩都知道那样做是错的，现在我们害怕自己已经失去童贞了，我失去什么了吗？除了性交以外还有别的什么算是性行为吗？

——丹，16岁

电影批评家罗杰·艾伯特（Roger Ebert）曾经写道："以前青少年到电影院去看成年人做爱，如今成年人到电影院去看青少年做爱。"①

可悲的是，他的观察是非常正确的。走进一个影院，打开一台电视，或者浏览一下互联网，你禁不住想，难道社会的道德退回到了恐龙时代。所有这些都会使你的儿子相信性纯洁简直是荒诞不经的。

尽管我们处在这样一个充满性的氛围下，你儿子仍需要听到真相：性只应该在丈夫和妻子之间体验，除此之外全都违背了上天的意志。"不要自欺。无论是淫乱的、拜偶像的、奸淫的、作娈童的、亲男色的、偷窃的、贪婪的、醉酒的、辱骂的、勒索的，都不能承受神的国。"（《哥林多前书》）

母亲应该明白这点：大多数的年轻人在同性欲相抗争时感到羞愧和孤独，因此，你同你的丈夫必须就两点与孩子进行沟通：（1）你是正常的！（2）你对性的渴望是好的、健康的、自然的！上天不想让你断绝这些渴望，他只是想帮你控制自己的渴望。

---

① 鲍勃·斯密绍塞尔（Bob Smithouser），《高压电》（"High Voltage"），Breakman, January 2000,32.

带他发现真相

也许到了你同儿子一起在电脑上做些研究的时候了，去发现不是每个人都放纵性欲。帮他认识到媒体想让他相信大家都在忙于做爱，它们拼命想让青少年感到如果不做爱就不正常。可是，干嘛要关心媒体怎么讲呢？

你可以同儿子谈论这样的话题：“上帝创造出性，把它作为一个美丽的联系将两个人永远地黏在一起。因此，性是一个连接的纽带，是强力无比的胶水。一旦你同某人发生了性关系，你们两人便粘在了一起比其他所有人都更为亲近，同一个你不会娶的人粘在一起，是愚蠢的，假如你真的想同这个人结成永久的盟约，那么现在就娶她，与她亲密地共度余生。

《圣经》中有许多地方谈到性。我们无法在此一一举例了，不过我们认为下面的话讲得特别有力：“婚姻，人人都当尊重，床也不可污秽。因为苟合行淫的人神必要审判。”(《希伯来书》)

你的儿子想要遵循上帝的意志吗？假如他想要得到一生都令他激动的性爱，他就必须懂得：等待是关键所在。为了避免带着遗憾步入婚姻的殿堂，他必须等待。

万一儿子做了出格的事该怎么办

让他知道感到内疚未见得全是坏事，它证明了他有一颗善良的心。同他一起祈祷，鼓励他寻求上帝的宽恕。然后进行一番讨论，帮他建立起恋爱的纪律。他可能需要将应该做到的事情写在纸上以便推敲，建议他去找一个成熟的、心灵健康的成年人督促他遵守这些纪律。

即使会让你感到不自在，你仍应愿意回答他在性方面的问题。性交通常的定义是男性的阴茎进入女性的阴道，但在医学上任何双方生殖器官的接触都被定义为性行为。

下面两条信息你可以同孩子交流，以帮他重返正轨。

“你并不孤单。”在性煎熬中保持沉默已使许多男性不堪忍受，年轻人对这种“最深重、最黑暗的罪恶”保持缄默是因为他们轻信了一个谎言：“如果我说了出去，我就会受到所有人的谴责——我的教会、我的父母，甚至上帝。”请让孩子相信，他的失败并不是他一个人的过错，他也不必独自一个人疗伤。

“上帝全知道，他会原谅的。”你儿子很有可能试图长期隐瞒他的过错，也许他内心已经忏悔了，但仍被罪恶感纠缠不休，为自己的错误而悔恨万分。你要让他知道，你们会原谅他，他此时急需从父母那里听到类似这样的话：“上帝知道你最深的秘密和罪恶，尽管如此，他仍然爱你！你所做的不会遭到谴责，但如果你忏悔了自己的过错，耶稣就会原宥你，并不会对此揪住不放的。我们爱你，支持你，和你站在一起，我们将帮你克服困难。”

你应指导他明白自己和女友不应在单独待在一起，告诉他要在公众场合相处，要同其他人待在一起！他们要同朋友们一起做事，他们将重新过上纯洁的生活。

手淫：每个男孩都要与之战斗

§ 我感到自己已经沉湎于手淫了，我完全无法控制自己，我再也不看黄片了，我和朋友们以及我们的爸爸一起抗争它。但手淫问题仍旧让我痛苦，我该怎样克服它呢？我在经历一段充满压力的生活，手淫似乎能帮我放松，但我感到手淫是不对的，我该做些什么？

——以赛亚，15岁

§ 我在学校足球队里踢球，有时训练结束之后教练让我们去淋浴。多数的队员都在淋浴室里手淫，他们极力让我也加入，我做了一次，但过后感到负疚，手淫是罪恶吗？

——约什，16岁

§ 我有一个问题：我需要戒除手淫。我做的有点频繁了：一周4到5次。多数时候我并不想那样做，但这已经变成了一种习惯。我需要知道如何停止手淫，对于其他的男孩来讲，这么频繁的手淫正常吗？请帮帮我！

——B.J., 16岁

每个男孩都有困扰自己的事情。

也许是色欲，也许是色情影像，也许是手淫。

无论他所要应付的是什么，他都厌倦了伪装。

每当要跨进大门时他的胃都收紧了，但他仍然微笑着走进教堂，仿佛什么事都没有发生一般。如果其他人知道了我的真相，他想，我将成为世上最孤单的人了。

所有我们与之交谈过的男孩都想结束这种双重生活，他们都想撕下面具成为真实的男人，他们厌倦了被色欲、黄色影像和手淫不断击垮的生活。

你儿子可能也有同样的感受，他也许需要你的帮助。

母亲如何开始一个健康的谈话

一开始你应该先回答这个问题：你同丈夫对于手淫的立场是什么？你们相信禁绝它是最好的手段吗？或者你们视手淫为一种无害的缓解性压力的方法吗？

在这个问题上，你们俩可能在某个中间地带吗？或者根本就没有自己的意见？或者连提到这个词都会令你们不安。事实上，你儿子可能对此也非常不安，他只是感到不由自主而已。

尽管我们的文化里充斥了性，但性欲和性发育还是相当隐密和个人化的问题。长久以来，围绕着手淫问题存在着有许多迷信和吓人的故事，有些还被郑重其事地传授。

正如你可能已经知道的那样，当手淫成了你儿子的一个习惯时，它便会给他带来罪恶感和羞愧。难道这些情感是出自天性吗？这是否意味着经常手淫是一种罪过？

如果我们查看一下《圣经》，上面写着“你不应该”或者“你可以”的话，也许整个问题就容易处理许多了，但是《圣经》在这个问题上却保持缄默。

在这个问题上，我们当然不想反驳你所相信的观点，但我们希望你仔细斟酌一下这一章里所呈现的观点。

儿子需要听到些什么

“不要以为自己很古怪。”他必须明白许多其他的男孩也在为此受着煎熬，所以他不必为想要手淫而感到自己古怪。另外，如果他没有这方面苦恼的话，也要告诉他：他没有任何问题。

“获得正确的看法。”思考一下《圣经》中未曾提到手淫的原因，我们认为它对上帝来讲太不重要了。尽管许多男孩用很大的努力在和手淫抗争着，但上帝显然认为这件事是微不足道的。因此你要告诉孩子，不要让自己的负罪感使他疏离了上帝。

“理解真正的问题所在。”罪恶感、成瘾、深藏内心的恐惧，以及那些手淫会伤身体的传言才是真正的问题所在。手淫不会导致眼瞎、虚弱或精神障碍，也不会耗尽男孩的精子使他将来无法生育。为了避免由手淫带来的上述问题，最好的方法是让孩子同他信任的成年人交谈——最为理想的是他的父亲。

“避免那些危险的地带。”在以下这些情况下，手淫是有害的，需要避免的：

- 手淫时幻想某种不道德的关系。
- 一边手淫一边观看黄色录像。
- 当它变成一种无法控制的习惯时。什么是无法控制呢？通常是指一天好几次，同时每天不落地持续数月。假如你儿子属于这种情况，他需要同他信任的人好好谈谈了。（显然，最合适的是他的父亲。）

“努力对性行为实现自我控制。”我们不认为你儿子总想着性有什么问题，（对他来讲这很难避免，不是吗？）但我们认为每个男性的性想象都应该加以控制，为什么呢？许多男性在手淫时所做的性幻想是不道德的，这是不应该发生的。另外，就像我们在这章前面提到的那样，有了那种能将性冲动加以控制的纪律，就能帮他成为一个更健康、更充实幸福的人。那么我所言的自控是什么呢？（1）你儿子必须避免上面所列出的危险地带；（2）他不应该天天手淫，应该有意识地努力限制这种活动至最低限度；（3）你儿子必须杜绝所有的色情幻想。

约会、恋爱、等待

§ 有时候被异性勾引只是为了好玩和寻开心，不是为了浪漫。我和女友真的彼此喜欢，已经到了想要亲吻和做爱的地步，但我的一些朋友说那在上帝看来是错误的，而对我们来说，那没什么大不了的。

——布伦登，15岁

§ 我的所有朋友都是花痴，但我不是。其实，我现在对约会和交女朋友不感兴趣，我有毛病吗？

——斯科蒂，14岁

§ 再过几个月我就要满20岁了，我从没有过女朋友，从没亲过女孩……什么都没有过！我并不是毫无机会，在高中时我同一个女孩一起参加舞会，我喜欢这个女孩，但从没有勇气邀请她外出。现在，我们上了不同的大学，去年，我终于约她去看电影了。我们很开心，玩得非常好，但她好像并不想再次被我邀请了。在我们大学里，所有的女孩都被邀去喝酒呀什么的，天呀，我都快20了，依旧是光棍儿一条！

——阿伦，19岁

§ 嗨，我和女友喜欢跳舞，而且我想身体互相摩擦是不是错的，当跳舞时，我真不喜欢男孩和女孩这么干。

——泰勒，16岁

§ 所有其他男孩都开始约会了，他们在女孩面前表现得很酷。但我做不到，我只是同姑娘聊天，却不邀她出去，我猜我是害怕被拒绝。我在女孩面前会有自信吗？万一我在女孩面前总不成功怎么办？

——阿伦，16岁

在女孩面前，多数男孩不仅会感到某种程度的不安，而且在涉及约会和恋爱时，许多男孩还受着三个流言的困扰：

流言一：交往的女孩少意味着男子气不足。

流言二：被异性拒绝等于社交死亡。

流言三：只有懦夫才不敢向女孩们大胆示爱。

你儿子也许还需要过几年才开始约会，不过，你有一个重要的工作要做：帮他排除那些流言的干扰，培养他与异性相处的自信心。

母亲如何培养孩子正确的约会

鼓励他坚信：他的自我价值是上天决定的，同约不约会无关。要让你儿子清楚，即使是他的朋友们都在约会，他不约会也没有问题。请强调以下两个关键点：

● 被落下的感觉的确有些怪怪的，特别是看到大家都对所做的事情很满意时，的确令我们紧张（比如约会这件事）。但我们不能勉强为之。

● 大多数男孩和女孩在面对异性时都会情绪紧张，只不过有些更擅长隐藏自己的紧张罢了。与异性相处关键是放松，并且保持你原来的样子。

多数青春期的男孩第一害怕的是被女孩拒绝。为什么呢？无论他的种族、信仰、或经济背景如何，在几乎所有年轻男子的内心深处，都有相同的渴望：当我成为一个男人后，我将同一个特别的女性分享我的生活。在某种程度上讲，被拒绝则会削损那个梦想。

你儿子不可能永远不被拒绝，（所有的人际关系都有一定的风险，不是吗？）你应该指导他变得坚强。以下的原则已经受住了时间的考验，你可以和他分享：

● 不要对所遇见的每个女孩都抱有浪漫的期望，否则便难免要碰壁。在他这个年纪，更加强调的应该是同异性建立起友谊关系。

身体接触：你儿子必须知道的事情

帮你儿子明晰一些概念的确切含义。当说到接吻时，他谈的到底是什么情况？他的意思是指亲吻脸颊，还是快速地亲吻嘴唇？或者是他说的那种热情的、长时间的亲吻，同时

伴随着互相的爱抚？

我们知道许多孩子下定决心要直到订婚后才进行亲吻；另一些则发誓要把初吻留到结婚典礼时。社会上对于接吻、约会和恋爱的看法千差万别。

我们不能告诉你，对你儿子来言什么是对的或错的，但我们可以告诉你我们自己的看法。每次他吻一个女孩时，他就便把自己的一小部分付出了，我们以为：不能因为亲吻的感觉舒服就去亲吻某人。

让我们考虑一下上面泰勒所提的关于跳舞和身体接触方面的问题，我们认为：抚摸、揉搓、冲撞和挤压身体的某些部位是一种亲昵的举动。事实很简单，泰勒还没有赢得同异性如此亲昵的权利。那么，什么时候泰勒（或你儿子）算是赢得了这样的权利了呢？要等他自己说“我有这种权利了”的时候。

向你的儿子表达你的愿望，希望他过纯洁的生活，并向他解释清楚，那些不道德的性行为会对他未来的婚姻产生不健康的影响。

对婚姻的看法

§ 我遇到了一个女孩，她身上有着所有我在寻找的品质。于是我们在一起待了一周，我确信我找到了自己灵魂的伴侣。但我的父母却不这样看，他们说我们都太小了，还不懂认真对待这种浪漫关系，更不用说考虑婚姻了。我们的感情是真挚的，怎能说我们太幼稚了呢？

——蔡斯，16岁

§ 我不断地告诉自己这些：要是我能结婚的话，我妻子就能满足我的性渴望了，我就再也不必被色欲纠缠了。但我哥哥告诉我，色欲是永远不会离开的，即使婚后也一样。这是真的吗？如果是真的，那么我的希望在哪儿呢？

——巴里，15岁

也许你也从你儿子那儿听到过类似的想法，首先，如果他的头脑中对所寻找的女朋友和未来的妻子有一系列明确的条件的话，你要为他鼓掌喝彩。

向他解释如果他生活在两千年前，当然不存在过于幼稚而不适合结婚的情况。不过，那时他不会像现在这样会去做全职工作，而是先要做很多年的学徒，得自己建房子，或者在家旁边为自己和新娘搭一个栖身之所。

那时的男孩在像他这么大时已担负起成人义务有三年之久了。

那么他已准备好在16岁时供养一个年轻女孩了吗？他能从高中早早毕业吗？那么还上大学吗？也许他觉得自己不需要去上大学，没准儿这是可行的，但是没有大学学历他很难有机会从事一份体面的职业。

问问上面的那些问题，也许能帮助你儿子看清楚：对于恋爱，他的年纪也许并不算太小，但谈到婚姻问题，他还实在太年轻了。

母亲如何为儿子的婚姻做准备

考虑一下前面所讲的话吧，假如你儿子也有类似的想法

的话，你应该让他知道婚姻是令人陶醉的，而与未来的妻子分享性爱也是非常美妙的。但是，无论是婚姻还是性爱都没有神奇的魔力，使他立刻变成另外一个样子。

婚姻只是意味着他找到了一个伴侣来分享自己的生活：好的、坏的，以及各种各样的困难。而婚后的性爱并不能使他对色欲具有免疫力。

还记得吗，它们可是一对敌人呀？在他找到了生命中的至爱以后，色欲为什么就要停止攻击他呢？事实是，它只是改变了攻击的策略，它开始努力让丈夫相信：其他男人的女人比自己的更有魅力。

你儿子在选择未来的妻子时，坚持一个高标准是非常好的事情，但他的这些期望又从哪里产生呢？是出于品行的考虑，还是以泳装模特的图片作为范本？的确，他想要一个美丽迷人的妻子，但如果女方拿他与动作明星进行比较的话，他又会作何感想呢？

请告诉你的儿子：“你可以净化自己的头脑，也可以污染它，如果你选择了前者，你未来的妻子将会为此而感激你的。而且，你也会从自己的选择中受益的。养成好的习惯将帮你在同色欲所进行的马拉松般的战斗中，最终击败对手。”

要点所在：沟通是关键

希望你同你的丈夫能够开放而坦诚的同儿子谈论有关色欲、性和约会方面的问题。我们也希望你能提醒他记住，上帝创造性爱并不仅仅为了好玩。

上帝想让你儿子通过婚姻而获得一生的性爱满足，请同你的孩子一起来设定约会的具体纪律并为此祈祷吧，请现在就为孩子未来的妻子祈祷吧，请为下面这些祈祷吧：

- 上帝将把你的儿子塑造成一个他妻子渴望的男人。
- 上帝将保护他未来的妻子。
- 她的心同上帝紧密地连在一起。
- 上帝将把她塑造成一个你儿子渴望的女人。

请同你的儿子一起为这些事而祈祷吧。

母亲将如何保护儿子的心不被侵蚀

我们督促你同儿子订立一个保持纯洁的约定。

安排一段不被打扰的时间，找一个私密的地方，定一个保持纯洁的家庭约定。事先买一个带十字架的项链、一个戒指，或者一块手表，把它送给你的儿子作为纯洁的象征物。

公开探讨有关的性问题。要乐于回答你儿子的任何问题，甚至可以更进一步，与他分享你个人成长过程中所面临的困惑。

几年以前，我从所在的教区召集了一些十几岁的男孩，带他们到了落基山脉中的一个偏僻的地方。

当我们达到目的地时，我讲述了一个真实的故事：“我的一个朋友提到过一个几年前死于艾滋病的男人，这个人的骨灰就撒在这里。在他临死前，他皈依了上帝。他还表达了深深的遗憾，后悔自己不能像《圣经》要求的那样自我控制，如果他今天还活着，他将会在这里警告你们，不要重蹈他的覆辙。”

孩子们，你们有机会用自己的生活给上帝添加荣光，让我们与上帝订立一个约定吧，一定要过纯洁的生活。

在回家之前，我们每一个人都带上十字架，并发誓要保持贞洁。然后，我们一块分享了各自内心的挣扎，阅读了《圣经》，并且互相为各自祈祷。

经过了几年的时间，我很高兴地告诉你，那些小伙子依然戴着他们的十字架，坚定地为将来的新娘守住自己的纯真。

我督促你也同自己的儿子定下这样一个约定。

第 8 章

如何帮孩子远离网络色情

Keeping Him Safe in Cyberspace：
Unplugging Porn

朱迪的儿子亨特对看电视或玩电子游戏都不感兴趣，他瞧了一眼表，嗫嚅地说自己要为一个重要的考试做准备，然后这个16岁的男孩便匆匆离开餐桌，奔到自己楼上的房间里去了。

朱迪对着丈夫骄傲地笑了，“想想看，他曾经那么反感做作业。”她说。她为自己已长大的儿子有如此负责任的表现而感到快活。

入夜时分，儿子还在电脑上忙碌着，朱迪轻轻敲着儿子的房门打断了他，然后和蔼地提醒：“关掉电脑吧，该睡觉了。”

但是，当她把头探进他的房间时，顿时被电脑屏幕上的图像惊呆了。她赶快转过头去，假装什么都没注意到。儿子惊慌地掩盖电脑屏幕，关掉了显示器，脸上堆起不自然的笑，连忙撒谎道：“好的，妈妈，作业做完了，我这就睡觉。”

当朱迪带上儿子的房门后，她的心开始狂跳，甚至想要呕吐。这不会是真的，她对自己说，我儿子不会的，这一切只是我的幻觉。

她又把手放到了门把手上……然后犹豫了：我应该现在就和他对质？还是先同丈夫谈谈？我儿子真的在过双重生活？我们到底该怎么做？

事实是令人伤心的，那个曾经是儿子用来学习的工具，现在变成了最邪恶的工具了。网络色情看来征服了他，随着鼠标的每次点击，这个少年便被那张罪恶的网更紧地拽住。

朱迪必须尽快进行干预，但怎么办呢？

在凶险的网络世界里航行

亨特的行为打击了家庭吗？你怀疑自己的孩子有类似的行为吗？

互联网以令人惊叹的、无与伦比的便捷加强了人们的联系，将北美超过了2.51亿的人连到了一起。[①] 但是在年轻人花大量时间上网之前，你应该警告他：只需鼠标轻点一下，他就可能陷入麻烦当中。网上除了有好的消息之外，也包含了大量的色情材料，它们正冲击着正常的家庭，将无数的青少年拖入了深渊。

根据一项调查，90% 的8到16岁的孩子定期在网上接触到色情内容，并且经常是在使用电脑做作业时。[②] 80% 的15到17岁网络用户多次访问过色情网站。[③]

---

① 《互联网世界统计》（“InternetWorld Stats”），June 30, 2009, *www.internetworldstats.com/stats2.htm.*

② 《家庭安全媒体》（“Family Safe Media”），《色情图像统计》（“Pornography Statistics”），*www.familysafemedia.com/pornography_statistics.html.*

③ 同上

儿子无意中发现了父亲工作室的色情图片，并为此着迷，为了打破这种循环和枷锁，父亲必须为儿子领路。

"互联网已将色情高速路修进了每个社区，并联通到了每个终端或个人电脑之上，"阿尔伯特·默勒（Albert Mohler）这样说道，他是国家广播电台的主持以及南方浸理会神学院的院长，"如今的年轻人比他们的父辈了解更多的性知识及其复杂性，另外，以前大家只能想象的事情现在却能在网上观看，收费的和免费的都有。"①

男孩在说些什么

作为一个作家、演讲者和曾经的国家级青年杂志的编辑，我（麦克）每月会接到成百上千的孩子们发来的电子邮件。基于这些来信，我相信，与色欲相抗争是男孩们所面临的最首要的事情。在我收到的邮件里，有大约三分之一问题是网络色情所造成的。

当我在读每个男孩的来信时，我经常听到相同的呼救声："我被陷住了，不能脱身！"许多男孩告诉我，他们在同色欲和色情制品抗争时感到被击垮了，觉得自己已被上帝所抛弃，因自己的软弱而感到羞耻。

下面是我所听到的一些例子：

§ 我对网络色情有些成瘾了，我告诉了父母，他们在电脑上装了防火墙。但有时候我实在控制不住，找到方法绕过了防火墙，去浏览那些色情网站，爸爸、妈妈并不知道。我

① 阿尔伯特·默勒博士（Dr. Albert Mohler）在博伊斯学院（Boyce College）对青年人的讲话，摘自《色情影像的引诱以及基督教婚姻的完整性》（"the Seduction of Pornography and the Integrity of Christian Marriage"）。

感到害怕，我该怎么做呢？

——思凯拉，16岁

§ 我很多时候都在受着色情影像的困扰，许多与我同龄的孩子也一样。我没有告诉父母，因为这太丢人了。一天，我爸爸差点儿发现了问题，我只好对他撒谎、抵赖，你能为我祈祷吗？请让我获得足够的勇气去同父母讲清楚。

——扎克，14岁

§ 我没有主动去搜寻色情影像，它们好像是自己找上门的。我最大的问题是那些不时跳出来的广告，只要瞥上一眼便激起我身体的反应，让我渴望看到更多。这东西撕裂了我的生活，我急切地渴求帮助。

——约翰，19岁

父母必须做些什么

父亲和母亲必须采取行动，怎么办呢？

首先，不要害怕同儿子谈论色情影像的危害，极力在没有危险性的气氛下培养公开的机会。假如你怀疑儿子浏览色情影像，不要像电视里的检察官那样咄咄逼人，那样只会把事情搞糟，令儿子为自己的行为感到更加羞愧；相反，你要用爱去拥抱他，寻找机会谈论他的困难。总之，你要给他希望。

其次，制定一个家庭反击计划，让你的儿子也参与计划的制定过程，你可以考虑采取以下这些步骤：

家庭反击计划

切断来源。许多过滤软件可以阻止那些明显的色情内容出现在你的电脑屏幕上，但是正如16岁的思凯拉承认的那样，它们并不是绝对的可靠。你首先要查询一下产品生产商，另外，也可以参考一下后面“反击地带”里的内容。

设定时间限制。他花越多时间在网上，就越可能禁不住访问那些不良网站。

将电脑放置在开放的场合。将电脑放置在开放的地方，比如餐厅或客厅里。同时，他单独在家时要切断网络，私密的环境只能增加诱惑。

让你丈夫开设父子之间的互通时间。鼓励你儿子在这个问题上信任自己的父亲，两个人在上网时彼此监督。

与色情影像抗争：一个父亲的奋斗

这一年是1969年，13岁的吉恩觉得自己是撞上大运了。在他父亲工作室最深最黑的角落里，有一个装得满满的箱子，那里面装的可不是寻常的旧东西，而是画满春情图片的杂志。

“哦，天呀，我真希望同伴们也看看这些。”吉恩想道，他听说过这类杂志，但做梦也没想到会在自己家里发现。“我真不敢相信，上面什么都有啊。”

吉恩完全被这些画页吸引了，每张照片都在他身体的深处点燃起异样的感觉。

“谁会想到我自己的爸爸，那个每周都不缺席礼拜的先生竟然看这些东西？我猜，他的秘密也将成为我的秘密。”

许多年后，吉恩后悔自己曾经打开了那个箱子，他描绘自己从此被套上了枷锁，这个枷锁也始终套在自己父亲身上。

“当我发现自己的儿子正着迷于网络色情时，我知道我必须打破这个循环，”吉恩告诉我，“父亲的罪过会造访他的后代的，这一幕正在我家里上演呢。”

“但是我发现还有医治这种顽症的希望，”吉恩继续讲道，“循环可以被打破，枷锁可以被粉碎，要做到这点，父亲必须为他们的孩子领路。”

谈话技巧

如果你感到同你儿子谈论色情影像时毫无头绪的话，这里是四个吉恩推荐的谈话窍门：

色情影像贬低人。给孩子解释，色情影像将促使人们相信人类并不是高贵的生物，而是用来满足个人需要的玩具。在其中，妇女被描绘成性发泄的对象，而男人则被渲染成为色魔。

色情影像鼓励在未婚男女之间发生随便的性爱。它经常在丈夫和妻子之间促发不忠行为。

色情影像是会成瘾的。专家们一直赞同，色情物会勾住它的使用者，让他想要获得更多。医学研究发现，当观看性图像时，大脑中制造快感的激素——内啡肽的分泌增加了。为了获得更大的刺激，就需要有持续的内啡肽生成刺激大脑的快感中枢，换句话说，色情影像会让使用者无法控制地成瘾。

反击地带

想要发现有用的方法，以在网络世界里保护儿子的心灵和头脑，你可以查看以下这些网站：

- Netsmartz.org
- SafeTeens.com
- WebWiseKids.org
- BlogSafety.com
- CommonSenseMedia.org
- X3watch.com（一个可以信赖的软件）
- InternetSagety.com/safe-eyes （过滤软件）

第 9 章

“同性恋没事吗？”

“Is Gay Okay?”

§ 为什么大家对同性恋那么紧张？我的朋友们却不认为那有什么大不了的，我现在开始对我所相信的事情产生了疑问，也许同性恋真的没事的。

——阿里克谢，16岁

§ 我该对同性恋说点什么呢？我认识一个女孩，她是一个非常坦率的同性恋，最近给我写信，问我是否认为她会下地狱。她好像对这个问题感到特别苦恼，我想不出来该对她说些什么。

——尼克，15岁

§ 一些人怎么能同时既恨我又爱我呢？在学校，每个人都把我看成好孩子，是那种每个母亲都希望女儿与他交往的人。其实，我是同性恋，我被其他的男孩吸引。我的内心在崩溃，我不想再这样过下去了，但我改变不了。

——克里斯，17岁

§ 为什么我被同性恋色情网站吸引呢？我整天都浏览这些网站，这已经有三年了。我为自己的行为而恨自己，我试图停止这种行为，哪怕是一天。但我动摇了，放弃了努力，感觉糟极了，并且总在重复同样的循环。最近，我的秘密被妈妈发现了，她取消了我家的网络服务。但我依然能从图书馆里浏览这些网站，我一有可能就去那儿。一旦我进入那些网站开始浏览后，我就感到特别空虚，我想去死了算了。我是同性恋吗？我从没同其他男孩有过性行为，但我就是忍不住想看那些同性恋色情影像。

——安德鲁，16岁

§ 怎样才能克服我在同性恋上面的挣扎呢？我反复祈祷，求上帝别让我再被那些男孩吸引了，但根本没用。我试着去关注女孩，但我的身体毫无反应，尽管我的心灵知道那是对的。

——贾斯汀，17岁

§ 我从没想过自己会是一个同性恋，但当我看到两个女孩亲吻时我非常喜欢。这是一个巨大的刺激，我禁不住整天都浮想联翩的，这有错吗？

——布雷登，14岁

§ 我能怎样才能将同性恋记忆从头脑里清除呢？当我六年级时，我和一个朋友互相检查身体，然后我们就发生了接触。我们都很年轻，也特别傻。几年后，我请他原谅我，他说："那当然了。"现在我已上十年级了，我依然被我所做过的事情纠缠着，我再没有任何性行为，也没沉迷于黄色影像，但我只是不能将那记忆清出自己的头脑。

——卢克，16岁

青春期的男孩们问了很多的问题，太多的孩子陷于沉默

父母可以同儿子探讨同性恋这个热点话题，帮他们澄清迷惑。

中，既不参与健康的对话，也不积极地寻找解决方法；还有一些孩子在两派激烈的争辩中不知所措：一派人鼓吹宽容，他们宣称你不能否定同性恋；另一派是原教旨者，他们说：“我们绝不能认可同性恋，罪恶就是罪恶。”

父母和教育者必须同男孩们探讨这个热点话题，帮他们澄清迷惑。考虑一下同性恋的现实吧：电视美化它，名人对它趋之若鹜，社会活动者尽力为它正名，而青少年们则在痛苦地挣扎。

布莱恩，这个来自科罗拉多州的少年就是其中的一个。

我是布莱恩的宗教导师，我爱他如同自己的儿子。我们经常一起度周末，或者一同参加周三晚上的青年聚会。他的遭遇令我的心都碎了。

迷失与孤独：布莱恩的秘密生活

布莱恩与我隔桌对坐着，脸上布满了忧伤。来到这个他最喜爱的咖啡馆，是为了庆祝他终于实现了童年时的梦想。加州最富盛名的艺术学校录取了这位18岁的男孩，可是为什么他不高兴呢？

“我同爸爸大闹了一场，”他解释道。

“那可不好，”我说，“特别是出现在这个好时候，那么你们的冲突在哪儿呢？”

“是这样，我总觉得如果我是个真正的男人，爸爸就会更加接受我。但实际上，我算不上个真男人。”布莱恩往椅子里靠了靠，呷了一口咖啡，“于是我对他讲，‘我知道，我不

会打橄榄球，所以你看不上我。”

“他为此会很伤心吧？”我问。

“不完全是，我接下来说的话才真正惹恼了他。”

“你又说啥了？”

他看着我，迟疑着，“除了父母之外，这件事我没和任何人说过。我特别害怕告诉你这件事。”

我现在真的全神贯注了，他脑子里在想什么呢？我有了一些线索，但我希望自己是猜错了。

“说吧，你可以告诉我任何事情，我们是朋友！“

“这让我更加难于启齿，”布莱恩说，“我太在乎你的友谊了，我不想失去它。既然我爸爸现在都真的讨厌我了，我不想再失去你了。”他停顿了一下，深吸了一口气，“要知道，我已经厌倦了担惊受怕、总要把真实的自己藏起来的日子。我要对上帝、对我自己、对他人坦露自己。我得告诉你这些，其实我很早以前就知道了，我是同性恋。”

我镇静地点了点头，呡了口咖啡，但在内心里，我感到心被撕裂了，“让我们好好聊聊吧，布莱恩，以朋友的方式。这件事是没法改变了，告诉我是怎么一回事。”

他告诉我，从高中起，就被同性吸引。在几个月前，他同另一个男孩有了接触，现在他努力想办法解释自己的行为以适应自己的信仰，“我知道《圣经》是完全反对同性恋的，但我怎样才能改变自己的感受呢，我怎能改变真实的自己呢？”

“你能确定你到底是怎么回事吗？”我问。

“我确定，”他答道，“我就生活在这个身体里，我知道大脑在想些什么。”

“但是，每个人在不同的时候感觉是不同的，”我指出，

“所以，如果你觉得自己像是同性恋，而在你亲身体验之后，你就确信了自己的判断，你选择相信自己是同性恋，对吧？”

“不是的，”他说，“我以前也听过这套话，多半是从基督徒那里，他们根本不懂像我这样的男孩。这不是一个时间问题，请不要再告诉我诸如‘努力祈祷，上帝爱罪人但不原谅罪恶’之类的话了。”

我眯起眼睛，摇了摇头，“你认为我会跟你说那些？”

布莱恩露出一些微笑，“不，你不一样，你总是在听我说话，那是一个朋友应该做的。我现在最需要的也是这个——一个听我诉说、不责难我的朋友。”

“是的，你需要有人倾听你，我们双方都应该避免那些陈词滥调，它们只会阻碍交流。此时，同一个你所信任的朋友沟通是非常重要的。”

爱：正确的反应

我真希望能告诉你：布莱恩的生活自谈话以后变得快乐了，如今他同耶稣的关系很紧密。但可惜的是，我不能那样说。事实是，他依旧在远离上帝，依旧在寻找什么是真实的。

如果你的儿子或你所相识的其他男孩同布莱恩面临同样的困难，你会作何反应呢？纳什维尔州的治疗师米歇尔·马洛建议做以下三件事情：

1. 在谈话时，你要愿意谈论自己的问题。

2. 不要为他选择了同性恋而责怪他，人们不能像选择穿衣那样选择自己的感情。要理解：怕被拒绝是同性恋者矛盾心情的核心所在。

3. 不要没完没了地引用《圣经》的话语来指责同性恋是一种罪过，但也不要走到另一个极端里去。既要向他表达同情和理解，也要鼓励他应对眼前的现实情况。[①]

帮他了解真相

麦克·黑里（Mike Haley）是一个全国知名的青少年及同性恋问题专家，他认为：在同性恋问题上，很多基督教青年往往受三个谎言的左右。[②] 黑里督促父母和青年工作者们要澄清谎言。

谎言一：有百分之十的人是同性恋。

尽管阿尔弗雷德·金西（Alfred Kinsey）的研究方法被发现有很大的偏倚，但多年来同性恋鼓吹者仍在引用这本1948年的书——《男性的性行为》，把它作为权威，并据此声称有百分之十的人口是同性恋。

真相：最近的一系列全国范围的研究表明，只有2%~3%的适龄男性和1%~2%的女性参与同性性行为。

难道有多少人是同性恋是件大不了的事吗？通过散播

① 迈克尔·马洛伊（Michael Malloy）于2009年6月15日接受迈克尔·罗斯的采访。
② 2007年9月接受麦克·黑利和杰瑞米·J. 琼斯（Mike Haley and Jeremy J. Jones）的采访，部分摘自《澄清混淆》（“Cleaning Up the Confusion”），Breakaway, March 2008, 29–30.

‘每十个美国人就有一个同性恋’这个谎言，一些同性恋倡导者宣称同性恋应该被视作正常状况。其实，即使这种理由本身也是站不住脚的。比方说，美国有10%~15%的人深受酒精依赖症之苦，但我们不能把酗酒视为正常或健康的行为。

谎言二：同性恋是天生的。

1993年《科学》杂志发表了一篇研究论文，就此点燃了“同性恋先天说”的神话。文章宣称“科学研究已接近证明：同性恋是天生的、有基因基础的，因而是无法改变的。”[①]这引起了媒体狂轰滥炸式的报道，宣布科学家发现了“同性恋基因”。只有那些最严肃的记者才会声明：所说的发现只是一种可能性，因为实际上，“并没有确实的发现”。

真相：没有证据支持同性恋是天生的这种说法，所有的研究都不能证实。所有的流行病学研究、基因研究和脑部解剖研究都不能证明同性恋是基因决定的。托马斯·阿奎纳斯心理治疗中心的主任约瑟夫·尼古拉斯博士（Joseph Nicolosi）评价道，“同性恋远比其行为本身复杂得多，它包含了许多个层面，包括思想、感情、幻想、特殊的吸引和自我认同。”[②]

为什么基因决定论对同性恋倡导者是如此重要呢？因为，假如是基因决定的话，人们便不能改变他们的性取向了。假如社会相信同性恋真的是天生如此，许多人就会认为政府

---

① 杰弗里·萨提诺弗医生(Jeffrey Satinover, MD)，《有同性恋基因吗？》(“Is There a ‘Gay Gene’ ?”), National association of Research and Therapy of Homosexuals Fact Sheet, March 1999.

② 约翰·波尔克(John Paulk),《同性恋：与基因无关》(“Homosexuality: Not a case of genetic conditioning”),The Oregon Citizen, January 1997, 1-2.

应该像保护少数族群那样保护同性恋者，就像对非裔美国人或土著印第安人做的那样。这将促使州政府将同性婚姻合法化，而且更多的学龄前儿童将被教育得相信：没有爸爸却有两个妈妈是另一种形式的恩爱。[1]

谎言三：同性恋关系同异性恋没什么不同。

一些同性恋伴侣真的彼此相爱。同性恋鼓吹者想让这种关系获得同异性恋相同的待遇，享受结婚和领养孩子的权利。

真相：研究发现，平均来看，男同性恋者远比男异性恋者更加倾向于滥交。两个声称是同性恋伴侣的研究者断定：如果没有其他外界性关系的话，两个同性恋男子很难维持彼此的关系。[2]

上帝创造了男女之间独特的关系，他不会喜欢婚前性行为，同样也不会喜欢同性恋关系，他也无意创造这样的关系。有些人说同性恋关系同异性恋是相同的，他们是在嘲弄上帝神圣的造物伟业和他的婚姻典礼。

---

① 拉里·伯托福特博士（Larry Burtoft, PhD），《还原真相：关于同性恋社会后果的研究真相》（“Setting the Record Straight: What Research Really Says About the Social Consequences of Homosexuality”），Colorado Springs: Focus On the Family,1994.

② 安德鲁·沙利文（Andrew Sullivan），《几乎正常：关于同性恋的讨论》（“Virtually Normal: An Argument About Homosexuality”），New York: Vintage Books,1995.

第 10 章

男孩最需要的四件法宝

The Furious Five: What Guys Need

问一个十几岁的少年他需要什么，你可能得到这样的答案：

“我需要肉！”

“我需要衣服。”

“钱！我需要钱。”

“一个女朋友。”

“还有？”

“一辆汽车。”

上面的单子并不一定代表他真实的需要，而往往只是他以为自己所需要的。当我们能够设法让青少年的思想越过表面（比如通过“贿赂”他匹萨或电子游戏），他也许能发现自己真实的需求和感觉。

下面所列的四个需求对你儿子来说是最为重要的，当然，他不会向你表达这些需求的。

他需要朋友

§ 我一直在对抗着孤独，实际上，无论在教堂或是学校里，我感到自己并没有被接纳。诸如聚会和集体活动经常没我的份儿，我去教堂已经四年了，一切还是老样子，没人给我打电话或发短信。

被大家遗弃真令我伤心，我尽力去接近人们，但他们像看怪物那样看着我。我考虑了好久，想要离开教堂甚至学校，我祈祷，但没用。我实在感到孤独，我要是能学会如何与他人沟通就好了。

——杰里迈亚，15岁

§ 我怕被拒绝怕得要死，我一点也不知道如何对付这个。我在念九年级，同学们总是笑话我。生活在一个小镇上很难找个朋友说说知心话，我厌倦了总是被拒绝的滋味，我真的需要帮助。

——吉斯，15岁

世界上每个青春期男孩都需要与他人相联系，被他人接受，为他人所重视。如果杰里迈亚不能最终学会如何与人沟通，想被人接纳的急切愿望就可能强烈地驱使他去酗酒、吸毒、淫乱。总之，驱使他去做一切使他感到为他人所接纳的事情。

你可以从下面几个方面帮助自己的儿子：

给他树立维持良好友谊的榜样。对于十几岁的孩子来

儿子可能闹着不让你规定他晚上必须回家的时间，但在内心深处，他却需要并渴望着纪律的约束——知道父母期望他几点回家会带给他某种安全感。

讲，不知如何与人发展友谊是很正常的事情。在同男性交往方面，父亲应该成为积极的榜样；而在母亲方面，应该让孩子看到你如何当面或在电话上同朋友们交谈。

通过展示良好的人际交往技巧，你教给他如何同他人沟通，你可以鼓励他一起做角色扮演练习，让他扮演一个你想与之交朋友的人，这样你就可以表演给他看，如何开始一段有趣的谈话。通常，青春期男孩既不知道该说些什么，也不懂该怎么说。

让你家成为一个友善的地方。你儿子也许觉得没有什么朋友可以邀请到家里来，但你可以在周五或周日晚上邀请年轻人来你家聚会、看电影或玩游戏，这样，你就帮助儿子接近了大量的同龄人。你可以从旁观察他是如何同其他人接触的，过后再给他适当的指导。

为了获得朋友，同你儿子一起祈祷。请上帝带给他一个朋友，并每天为他的朋友祈祷。

让他知道，《圣经》里的英雄常常都是孤独的。让你儿子知道，将来他有很多时候会处于孤独当中，这没什么大不了的。花上几个星期，一起阅读和讨论《圣经》中约瑟夫的故事（《创世记》）。当他的兄弟们将他扔到一个坑里时，他自然是孤独的；当兄弟们把他作为奴隶卖到埃及时，他当然是没有一个朋友。

想象一下置身于异域文化里，且又语言不通会是什么样子！约瑟夫被波蒂法（Potiphar）的妻子欺负和欺骗，他在监狱里结交的朋友们长时间的遗忘了他。是的，上帝始终在保佑他，最终他完美的结局远远超出了自己的想象。

花上一个星期阅读并讨论一下但以理的故事（《但以理

书》)，讨论一下被单独扔到狮子笼中会是什么样的感觉。

花上一个星期阅读并讨论一下谢德拉克、米沙克与阿拜德尼哥的故事(《但以理书》)，想想被人迫害会是什么样的感受？上帝是如何拯救这些年轻人的？

提醒你的儿子记住，尽管他会常常感到孤独，感到不被别人接纳和不被他人喜爱，他却始终有一个好的陪伴者！提醒他牢记：上帝从来不曾离开他。请同孩子一起背诵下面的话语："凡我所吩咐你们的，都教训他们遵守，我就常与你们同在，直到世界的末了。"(《马太福音》)

他需要纪律

§ 我想让父母成为真正的父母，而不是我的好朋友。请不要试着模仿我的说话方式或穿着打扮，请不要纵容我将事情搞得一团糟。你们能为我做的最好的事情是为我设定一个榜样。

——希恩，16岁

尽管我不相信希恩（或是别的男孩）会当着他们父母面承认上述的想法，但男孩真的希望并需要纪律约束。在儿子成长的岁月里，你不应成为他的朋友，而是去指导他，使他在精神上、身体上、情感上和心灵上健康地发展。

你尽可以将同孩子的平等友谊留待以后体验，等到他二三十岁的时候。而当下，儿子需要被指导，他需要父母给他设定好目标，然后督促完成。

我曾有过一条圣伯纳德犬，重达160磅，名叫博斯克。它特别温顺，每天都围着我们的街区走上两圈，那是它所想要（或需要）的全部锻炼了。在其余的时间里，吃东西、睡觉和被我爱抚便让它非常满足了。

它最终去世了，我决定再养一只小狗（尽管我喜欢大个的狗，但我害怕总拿新来的狗同博斯克作比较，所以我买了一种与它完全相反的狗）。我得到了一只叫奥比的贵妃犬，它来我家时才五磅重。

我买了许多它需要的东西：狗窝、毯子、玩具、食物，一切应有尽有。人们告诉我要对奥比进行训练，以使它熟悉它的窝。于是头一个月的大部分时间，它都被关在窝里。等到一岁时，我决定给它多一些自由。我猜想它可能像博斯克那样，不喜欢待在窝里，而喜欢围着屋子到处跑。

我开始把它带到屋外，但很快就发现：奥比想念它的窝。即使狗窝的门是敞开的，即使整个房子都可以供它跑来跑去，奥比依然愿意待在窝里玩它的玩具。我开始认识到，它的窝代表着界限与限制，是一个给它安全感的地方。

令人惊讶的是，这种现象在你儿子身上也同样存在。他可能闹着不让你规定他晚上几点必须回家，但在内心里他需要并渴望着纪律的约束：知道父母期望他几点回家会给他某种安全感。

当他需要拒绝某些邀请时，你的规则也给他提供了安全感，使他不必为拒绝感到不安。举个例子，看看一个男孩是怎样告诉他妈妈的："我会问你是否我可以去参加一个聚会，但我需要你说不同意，这样我就可以说是你不让我去了。"

对朋友们说"我不能，父母管我可严呢"是比较容易的，

相反，如果直接说“我不想去，那个环境不适合我，我可能禁不起诱惑做些将来会后悔的事儿”就要难很多了。

在性问题上他需要你的帮助

§ 我每天都在抗争色欲，这真让我筋疲力尽。向欲望屈服其实要比对抗它容易得多。在网站、杂志或电视上，我总能看到女人半裸着，摆出某种引诱男人的姿势。

甚至像 MySpace 那样的流行网站都能看到类似这样的广告：“想在你住的地方发现火辣的单身女郎吗，也许你这回运气不错。”或“有时候，孟浪一些挺好。”

被这些东西包围着，我怎样才能不被引诱呢？我怎样才能做出正确选择呢？

——T.S.，15岁

让我们先从最重要的知识开始：你儿子是否建立起了同耶稣的关系。虽然一个基督徒也难免受到诱惑，但让他知道上帝会赐给他力量是非常重要的，这可以帮助他抵御诱惑，不向它屈服。

检查一下你们自己、家里和生活习惯，看看某些日常习惯是否会影响到儿子？比如，母亲在家时有没有穿着内衣在屋里走动？爸爸所看的杂志、电影或电视中有没有刺激孩子的内容？

如果有类似的行为，你们就应该改变，努力为孩子创造一个纯洁的环境。请注意我提到了“努力”，这确实需要极其努力，需要万分警惕，也需要你教会自己的儿子如何做到时刻警惕。

在我小时候，有两部电视剧家里是不让看的，要是你知道了它们是什么，可能会发笑的。如今，那样的电视剧被认为是完全无害甚至干净的。

不允许我看的电视剧是《吉利根的岛》（*Gilligan's Island*）和《我梦到了珍妮》（*I Dream of Jeannie*），理由是吉格和珍妮的着装不雅，你可能还记得他们的穿着很暴露。我父母不想让我觉得这些是可以接受的行为，也学着穿成那个样子；他们也不想让我兄弟受到那些图像的诱惑，所以这些电视剧在我家被禁止了。

你要尽一切力量将可能的诱惑从家里清除干净。如果你想把自己的家建成一个安全的天堂，你应该非常仔细地审视电影、电视剧、杂志和书籍，还要给电脑安上过滤软件，并且不让你儿子在自己的房间里使用电脑。你要将电脑放在厨房或者其他显眼的地方，这样他就能较少地点击那些不该浏览的网站。

诱惑是很顽固的，我们必须尽一切努力从家里根除诱惑。

同时，还应该帮助你儿子培养自己的责任感，这项工作最好由孩子的父亲来承担。但假如他做不到，你可以去寻求教区青年辅导员的帮助，看有没有可能组织一小组青春期的男孩，让他们互相祈祷互相帮助，共同培养在性纯洁方面的责任感。

他需要信心

§ 我是个笨蛋。我不擅长运动，在体育课上，同学们总拿我取乐。一到女孩身边我就会感到不自在，并且我的学习成绩也很平庸。我不会演奏乐器或是唱歌，我不知道自己适合干什么，我只是希望对自己的感觉能好点，希望自己能有点特长。

——特洛伊，15岁

像特洛伊这样的孩子并不少，实际上，他表达了数以千计的青春期孩子的感觉。让你的儿子有机会参与尽可能多的活动是非常重要的，这样他就有机会发现自己的长处。在某些方面表现出色（甚至是仅仅达到不错的程度）会给他信心。

我侄子很小的时候就喜爱画画和戏剧，但他父母却给他报名参加了足球和其他的体育项目，他学会了如何玩这些体育项目；他也上过体操课、钢琴课、舞蹈课和声乐课。尽管他体育方面没什么天赋，但每个项目也都玩得挺好的。他的父母的目标是：去参加夏令营时，他不会因为不能游泳或不会踢足球而感到孤立，他知道如何在这些方面进行竞争。如今他已二十几岁了，所从事的是演艺事业。

你儿子可能永远也不喜欢弹钢琴，但为什么不让他接触一下钢琴呢？他学会做的事越多，他便会有更多的信心，也更容易发现自己真正的特长在哪里。

也许你儿子会是个了不起的机械师，但他可能还不知道这个；或许他是个科技高手，能够创建网站或者制作动漫电影，你要帮助他发现自己的天赋是什么。一旦他找到自己所热爱的事情，他将在那上面施展才华。在这个过程中，他将变得自信。

第 11 章

如何化解孩子的愤怒和抑郁

Anger and Depression

他的眼睛大张着，下巴紧绷着，他的拳头在身体的两侧紧紧地攥着。他的嗓音尖利，听起来几乎是个男人的声音了，但仍夹杂着一丝高亢的童音。他说出的话语能击垮哪怕最强硬的父母。

“我受不了你们了，”14岁的埃里克声嘶力竭地喊着，“你们让我窒息，从不给我自由，在任何事上都不信任我。从不听我的想法，总指责我。为什么你们不能不来烦我。

随着这最后的爆发，埃里克冲出了餐厅，把他沮丧的母亲（特雷西）丢在了那里。埃里克还会回来的，他们之间还会有更多的口水战，他还会再一次令人伤心地爆发。至少，在过去的几周里，这已经变成了一种固定的模式。而在这一切开始之前，他常常显得格外怯懦甚至伤心。难道他的这些情绪正常吗？一个母亲怎能允许儿子那样对她？到了什么地步父母就应该寻求专业治疗师的帮助？

特雷西倒了杯咖啡，在餐桌前坐下，脑子飞快地转了起来。**过去发生争吵时，我也经常冲他叫喊，也经常关他禁闭，**

或者取消他的某些特权。但愤怒像是在逐渐积累，每次爆发都比上一次更厉害。他的内心到底在想些什么呢？以前时常挂在他脸上的笑容哪里去了？

但是在这个特殊的日子里，特雷西不能忘怀儿子的话，她总是在努力做一个好家长，她不想养一个会用那样的方式对别人大喊大叫的儿子。她根本不能接受他那样的大发雷霆。

但是我到底该做些什么呢？

特雷西必须行动起来，马上！

特雷西所经历的这一幕是否也在你家发生过？作为母亲，你是否也体验过那种筋疲力尽又走投无路的感觉？如果你对这些问题点头称是，我们一点也不惊讶，因为父母与青春期子女类似的冲突每天都在全球无数的家庭里上演。让我们先回应一下特雷西的困惑吧，“到底发生了什么？”

下面是一些男孩告诉我们的……

§ 最近，我越来越感到抑郁和愤怒，我已经快到崩溃的边缘了。我真不知道如何控制自己的脾气，我会为一些特别小的事情爆发，不知道如何对付抑郁情绪。我已经看过了几个心理医师，除了变得越来越糟以外啥作用也没有。我变得不愿意起床，甚至不愿干任何事情。真正让我恐惧的是：我发现一些朋友在割伤自己，我总觉得这样做很奇怪，但我也试了。我现在知道人们为什么要割伤自己了，并且我现在也已经对此上瘾了，我想接着这样干，我不知道还有其他什么事可做。

——乔希，16岁

§ 我长在一个基督教家庭，但是现在我特别的抑郁。当

告诉他哭泣没什么大不了的，不必为此难为情，就让泪水畅快地流吧！

我12岁时，我爸爸开始粗暴地对待我，虽然一年里这样的事情只发生十几次，但却给我留下了永久的伤痕——肉体上的和精神上的。12岁前我一直在家里接受教育，但在8年级时我进入了公立学校。我毫无社会经验，成了嘲笑的对象。我受过死亡危胁，被抢劫过，但学校的管理人员什么都没做。从9年级到11年级，我的处境好了一些，但抑郁、色欲和自残仍困扰着我。我终于克服了色欲的诱惑，但抑郁和自残却更严重了。上周末，我在自己身上割了更多更深的伤口。我以前还从未碰过毒品，但就在今天我尝试了。我找不到什么东西来填补空虚，我真的需要帮助，但我不知去哪儿寻求帮助！

——马克斯，18岁

§ 我在学校成绩不好，父母把我的电话没收了。现在，我不能同女朋友聊天了，也将会好长时间见不到她。愤怒在我心中积攒，我想要大喊大叫！我真的不知道如何控制自己的情绪，男孩都这样吗？

——曼尼，16岁

§ 我一直特别抑郁，这是由许多原因导致的。我七岁时父母就离婚了，父亲再没来看过我。我有两年没和母亲说过话了，同哥哥我也一向合不来。但是最近，我的抑郁心情始终纠缠不去。它通常持续不会超过一周时间，可这次却有一个月了。抑郁导致我的胸部有点疼痛，也让我的哮喘更严重了。

我相信自己的抑郁与一些事情有关：我的小妹妹被送到别的家庭抚养了；功课给我造成了很大的压力；女朋友也同我分手了，去同一个年龄是她两倍的家伙同居；我在学校也有麻烦，我不再同那些吸毒的朋友来往了，因此我不再有朋友可以相处和聊天了。我现在还喝酒，但不如先前那样凶了。

我知道酒精是一种抑制剂，但它似乎能帮助我放松，让自己感觉好一些。我也试着读整本《圣经》，但这并没有帮我太多忙。我不知道对于抑郁我还能做些什么。

在父母离婚后不久，我去看过一个治疗师，这让我讨厌，我不想再去了。我也曾同教区的辅导员谈过，但好多事情我并没有对他说。告诉别人自己的感受对我来讲特别困难。不过，我告诉了他我在饮酒，他好像假装没听到。我不知该怎样做，我不能停止饮酒，总是感到伤心和孤独。我知道抑郁的人有自杀的风险，我确实想过自杀，但还没做过什么，所以别为我担心。

——贾森，17岁

男孩的情绪：需要一些调试

如同我们在本书中始终说的那样，男孩的情绪会起起落落，如同骑在过山车上一般。在某一天，许多不相干的人或事（父母、老师、兄弟、饥饿、缺少睡眠等）都可能触动他体内的“愤怒按钮”。他可能为朋友的离开而感到孤独，如果考试成绩不佳或被女孩拒绝，便能让他情绪低落。

经历所有这些激荡的感情是正常的，今天，当你儿子愤怒或者失落，当他感到好像所有的事都搞不好，生命好像不值得留恋时，他需要熬过这些艰难的时候。这可能会令他感觉不好，同样也会累及家庭。但如果他能挺过这些情感波动，他会发现，情况在第二天便有了很大的改观，他的世界似乎美好了很多，幸福的感觉回归了，愤怒、孤独、或者消沉将会消失得没有踪迹。

如果孩子将一种或多种感情闷在心里，那是不健康的。如果孩子对你感到极度愤怒，或者如果他失去了自我控制，或者如果他好几天都自我封闭，你可能需要寻求医疗帮助了。

愤 怒

愤怒不是罪过。但如果你的家庭不能在上帝的帮助下阻止愤怒的话，它就可能导致罪过。你要教给孩子三方面的策略以应对愤怒：

帮他理解有时候发怒是可以的。你可以指出耶稣的例子，向你儿子解释耶稣有好几次都对书记官和法利赛人发怒，为什么呢？因为他们教人们走错误的道路，会导致人们直接奔向地狱的大门。

帮孩子学会发怒时不带恶意。尽管多数男人都知道怎样点燃怒火，但要想很好地控制它，不让其带有恶意便需要进一步的努力了。你应该教会孩子用正确的方式表达愤怒，换句话说，要让他知道，横眉冷对或高声咆哮都不能带来任何有益的东西。假如什么事可以重要到让他发狂，那一定也值得他努力想清楚冲突的来源。

鼓励你儿子做到：

- 把自己的注意力从情绪上转移开，而集中精力对付他所面临的实际问题。
- 在你大发雷霆之前努力祷告。

- 把愤怒引向富于建设性的行动，比如，找到一个可行的解决办法，而不是恶语相加或者大打出手。

告诉他不要让愤怒久久纠缠。鼓励他快速平息自己的怒火，尽一切努力在上床睡觉前将问题解决掉。

还记得在本章开始时特雷西的故事吗？一个身心俱疲的母亲和自己最要好的朋友谈论自己儿子埃里克的困境。她获得如下的指导：“如果你儿子的发怒并没有引起你的足够重视，或者你对他的愤怒敷衍了事的话，他的情绪就可能通过其他负面的行动来表达了，”治疗师解释道，“可能怎样呢？比如学习成绩迅速下降、结交狐朋狗友、偷东西、吸毒、性行为，等等。他的潜意识想通过这些行为重新赢得父母的关注，在专业领域将之叫做‘被动性寻衅行为’（Passive-aggressive behavior）。”

特雷西的儿子还没到那一步，孩子还停留在发怒和大声吼叫的阶段。因此特雷西决定在孩子发怒时努力倾听他的心声，尽力帮助他处理自己的感情。

以下是她的做法：

“我闭上嘴竖起自己的耳朵。”一天晚上，特雷西同儿子一起坐在厨房的餐桌前，允许他表达自己的愤怒而不去打断他。换句话说，她让他释放自己的委屈。然后，她平静地询问孩子问题，让他有机会谈得更多，她长时间地聆听，孩子的怒气便渐渐地消减了。

“我发现了什么东西令他难以忍受。”一旦她不在意孩子说话的语气和方式了，她便有机会了解儿子发怒的原因。她给自己下的目标是，仔细倾听孩子的心声，然后找出解决冲突的办法。

“我们在一些方面达成了谅解。”在经过了充分的聆听或思想交流之后，特雷西和儿子达成了谅解。随后，特雷西对儿子说：“感谢你将这些情况告诉我，这对我很重要。我们不应该相互敌视，而应该彼此聆听。不过，让我们以后努力用更平静的方式表达自己的感情吧。”

在接下来的几周里，孩子的态度开始变化了，久违了的笑容终于又回到了特雷西的脸上。

孤　独

孤独总在最意想不到的时间袭来。一分钟前，你儿子还在世界之巅，但下一分钟他便跌进了深谷。实际上，我们也都一样，可以好好地理解那些令人煎熬的痛苦和绝望。在许多个这样的时刻，我们禁不住想：所谓的朋友到哪儿去了？怎样才能避免这样事情的发生？

如果你怀疑自己的儿子正在受着孤独的困扰，请别让他将所有那些令人发狂的感情都闷在心里。你要帮助他以不同的角度看待问题，花一些时间以坦承的态度评价眼前的局面。

你要鼓励他问自己这些问题：

- 是什么使我感到如此的孤独？我感到焦虑吗？在我情感的深处是否有什么没有解决的问题？
- 我是否还有什么不足？难道我不能获得满足感？难道

我不能对自己的身份感到安心？

- 要想度过眼前的孤独，我还要采取哪些步骤？
- 我是否比所认识的大多数人更经常地感到孤独、焦虑或者恐惧？我是否需要寻求专业的帮助？

告诉他哭泣是没什么大不了的事情。男孩不必为交织在心中的令人不舒服的感觉而难为情，请告诉他：你的眼睛应该转向天堂，你应该让泪水涌流，上帝理解这一切，他将与你同在。

下面这些来自刘易斯（C.S. Lewis）的话可以很好地提醒你：

> **有些事情我们只能依靠上帝，总有一天，你会将所有这些凄凉看成是在成长道路上，为了获得独立所需付出的小小代价。但问题是对上帝的依赖每天都会周而复始，仿佛我们一直在原地踏步。**[①]

帮助他同上帝交流。他应该跪地祈祷同上帝交谈。告诉孩子，他可以向上帝坦露心扉，向他诉说自己所有的感情。“上帝，我感到孤独，愤怒，嫉妒和恐惧，我迫切需要你的帮助！”

抑　郁

我们经常错误地运用抑郁这个术语，拿它来描绘许多各自不同的感情。有时候，诸如绝望、嫉妒、悲伤、愤怒、伤心、

① C·S·路易斯（C.S. Lewis），《信件》（Letters），London: Bles, 1966, p220.

无能这些感情对形成抑郁起了一定的作用，但那并不是说有了这些感情便真的抑郁了。

抑郁比人们想象的更为普遍，在世界范围内，它影响了数以百万计人的生活。抑郁在择人方面并不挑剔，它能影响牧师、演员、音乐家、教师，也能影响到你和你的儿子。但是，抑郁有很多方面。

沮丧情绪同真正的抑郁是有区别的。沮丧通常与某个特定的情况相联系，并且不会持续很长的时间。例如，如果你儿子被足球队裁掉了，他可能会在好几个星期里陷入深深的悲伤，但最终他还是可以恢复成原来的样子。

临床所说的抑郁并不总是同某些特定的原因相联系的，这种抑郁会长期存在，显示出一系列的症状。抑郁可能包括几种类型，例如：重度抑郁症状、轻度抑郁症状，以及两极精神障碍等。

我们不想在此处涉及过多的医学知识，但我们想让你对抑郁有一个大概的了解，如果你的儿子正在经受着这些症状的折磨，这些知识将帮助你理解孩子。

重度抑郁症状。首先，如果下面这些症状中有一些已在你身上出现了，请不要惊慌。那些患有重度抑郁症状的人往往至少出现以下所列症状中的五种，并持续两周以上，他也很难维持正常的生活。

- 整天或在一天的大部分时间里狂躁易怒或者感到悲伤。
- 不再对以前热爱的活动感兴趣。
- 在未加有意控制的情况下体重减轻或增加（一个月中体重的变化超过原体重的5%），并且伴随着食欲的衰减或旺盛。

- 几乎每天都难以入睡或长睡不醒。
- 成天都感到疲倦甚至精疲力竭。
- 焦躁不安。
- 几乎每天都陷在巨大的内疚感中难以自拔。
- 感到自己毫无价值，原来那些游刃有余的事如今也无法完成。
- 无法集中注意力或者做出决定。

轻度抑郁症状。除了感到抑郁以外，患有轻度抑郁的人还往往很难与人相处。他们往往对事物抱有负面的看法，吹毛求疵，很难与他人融洽相处。

患有此症的人，往往抑郁的感觉会长达一年以上，以下是一些主要的症状：

- 没有活力，总是感到疲劳。
- 失眠或者嗜睡。
- 无食欲或者食欲异常旺盛。
- 自我感觉糟糕。
- 做决定有困难，难于集中注意力。
- 感到没有希望。

两极精神障碍。情绪的波动对于一个青春期孩子来说是正常的现象，但那些患有两极精神障碍的人其情绪波动的范围则超出了正常标准。你会看到某些时候他由于抑郁几乎到了无法正常生活的地步，而另一些时候他又能量四射，不停地讲话，不需要多少睡眠，自我感觉特别良好。例如，他可以不吃不睡连续几个小时干一个项目，最后仍像是有使不完的力气一样；但当抑郁袭来的时候，他又可以整天待在床上，不洗澡、不起床。这样的极端现象是不正常的。

那怎么办呢

如果你的儿子真的得了抑郁，那并不意味着他是个疯子或病人。有时候，大脑中的化学物质会分泌得有点失衡，此时需要我们做的仅仅是找个医生，开一些起调节作用的药物，帮助那些化学物质归于平衡。

从前的经历也许会和孩子的抑郁有关，这样的话他也许应该去看心理咨询医生，或者应该在服用药物的同时加上心理咨询，才能克服抑郁。

只有专业医生才能对抑郁症做出诊断，但是下面有一个单子，可以帮助你辨别儿子是否在受着抑郁的困扰。在下面的问题中，假如你觉得他只会对其中的十一二个给予肯定的回答，那他所面临的仅仅是伤心或者愤怒而已。但是，假如你认为孩子会对多数问题给予肯定回答（并且这些问题已持续了很长时间），那么他也许真的患上了抑郁症而需要医生的帮助了。

- □ 在过去的一年里，你家里有亲人去世吗？
- □ 在过去的一年里，你有亲近的朋友去世吗？
- □ 在过去的一年里，你家里有宠物死亡或丢失吗？
- □ 你最近有同女友分手吗？
- □ 在过去的一年里，你所亲近的朋友里有同你闹翻或背叛你的吗？
- □ 在过去的一年里，你有没有最要好的朋友搬走了？

□ 在过去的几年里，你父母是否分居或离婚？

□ 在过去的一年里，你父母是否比往常争吵得更厉害？

□ 你见到父母的次数是否比过去少了许多？

□ 在过去的一年里，你的家庭是否经历了财务危机？（是否你的父亲或母亲正处于失业中？）

□ 在过去的一年里，你是否搬到了一个新的地方？

□ 在过去的一年里，你是否转学？

□ 在过去的一年里，你是否有兄弟、姐妹离开家（上大学、结婚或工作）？

□ 你家里是否有人酗酒或吸毒？

□ 在过去的一年里，你家里是否有亲人严重受伤？

□ 在过去的一年里，你是否经历了伤病而被迫中断正常的活动？

□ 你是否正患有某种疾病（哮喘、糖尿病等）因而限制了同朋友们一起活动，或者成为同父母争吵的根源所在？

□ 你是否经常在意自己身体上近来的变化？

□ 你身体发育的速度是否比自己的朋友过快或过慢，有朋友为此而取笑你吗？

□ 你是否经常感到自卑？

□ 你是否极端地苛求自己？

□ 你父母是否对你抱有不切实际的期望？当你无法达到这些期望时是否令他们很沮丧？

□ 你家里是否有人对你的评价极为苛刻？

□ 你现在是否和父母很难进行沟通？你是否渴望同他们恢复以前那种亲密的关系？

□ 你是否存在着学习障碍？

□ 结交朋友或者维持友谊是否对你很困难?

□ 你是否总是忍不住想父母是否真的在意自己?

□ 你的父母是否过于严厉(不允许你表达愤怒或发表自己的意见)?这是否让你感到窒息?

□ 你是否正受到自己亲近的人的身体上或情感上的虐待?

□ 你是否受到过性侵犯?

□ 其他的学生是否结伙欺负你,让你感到日子难过?

□ 当你做事没达到自己的最佳水平或者没有取得自己期望的成绩时,你是否感到挫折?

□ 在过去的一年里,你是否在同某个老师闹别扭?

□ 在过去的一年里,你是否有继父或继母成为你的家庭成员?

□ 在过去的一年里,你家里是否增加了家庭成员(比如弟妹的出生、家庭领养或祖父母搬来同住等)?

□ 你是否有更能吸引父母关注的兄弟姐妹?你父母是否经常讲类似这样的话,"如果你更像谁谁就好了"?

□ 你最近是否达到过什么曾经令你激动的目标(学业或荣誉等),但现在却让你感到失落?

假如有迹象显示你儿子可能患有抑郁症,请不要做以下的事情:

- 束手无策并放弃。
- 期望他自愈(他不能自愈,而是需要专业人士的帮助)。
- 忽视他。
- 对他说他实在难以理解。

请一定做以下的事情:

- 更多地拥抱他。
- 带他去看专业咨询师和心理医生。
- 当他需要时给他空间。
- 让他知道，你虽然不理解他所经历的事情，但你在注视着他所经历的一切，并发现他需要什么样的帮助。
- 更多地鼓励他。
- 不断告诉他你爱他。

何时需要你为儿子寻求帮助

当孩子出现如下情况时，你需要寻求专业人士的帮助：

- 儿子变得极端的退缩，他总想一个人待着而不愿与朋友和家人在一起，他对学习、教堂和朋友都失去了兴趣。
- 他的低落情绪持续了好几周，一直自我孤立，变得比平常更愿意争论，并且所需的睡眠时间明显增加。
- 他对自我的评价出现了新低，不断地贬低自己，对自己抱有比平常更多的负面看法。

还有一件事：请记住，尽管你几乎每天都会与他冲突或领教他的坏脾气，但这些无法计数的时间是你在孩子身上所做的投资（养育他、教育他，使他改恶从正，修正生活轨迹），最终会获得丰厚的回报。你所教的这些东西是至关重要的，终将帮助他回归正常。

第 12 章

什么是母亲最应该给儿子的

What He Needs From Mom

§ 有一些事情她做的也很过分。比如，她每天都看《欲望都市》(*Sex and the City*)，并说这部电视剧所讲的故事是关于人际关系的。她以此为借口让哥哥、爸爸和我看《豪斯医生》(*House*)和《实习医生风云》(*Scrubs*)，但当屏幕上出现过于不堪的镜头时，我们都扭过头去(《欲望都市》其实是以性为核心的影片)。总之，我盼望母亲回归原来的样子，她理应成为孩子的一个榜样，但现在她仿佛又变成了一个十几岁的女孩。

——布伦特，17岁

男孩需要从母亲那里获得一些特别的东西，下面让我们看一下其中最重要的几件。

“我爱你”

男孩迫切需要感到被自己的母亲接受和喜爱。父亲可以帮助男孩进入男人的世界，但母亲可以培养男孩成为出色的男人。怎样才能让孩子确信你爱他，并且永远爱他呢?

- 避免讽刺他。
- 永远不要取笑他。
- 鼓励他做到最好。
- 经常告诉他你爱他。
- 经常显示出你爱他。（当你们在家时，拥抱并亲吻他，恰当地表达爱意。）
- 为他做一些特别的事情（每周给他做一次他最喜欢的饭菜，为他买一件新衬衫等）。
- 成为他最积极的啦啦队员。
- 为他做出牺牲。

“我随时准备帮助你”

当看到一群大学生带着啤酒进入他朋友强森住的公寓时，康纳尔感到难以理解。强森的父母外出去度周末了，当强森邀他参加聚会时，他虽然理智告诉自己要远离，但还是接受了。

康纳尔只有15岁，还从未有过约会。啤酒被打开了，并轮流地传递，康纳尔在头几轮里还努力拒绝，但随着时间的流逝，压力在积累，最终使他屈服了。

随后，游戏开始了。康纳尔很快被一个女孩拉进壁橱里，那个女孩开始解他衬衫的扣子，康纳尔既激动又害怕。

在一番热吻之后，他抓起自己的衬衫，找借口逃离了。

抓住一切机会让儿子知道，你是多么地为他骄傲。

女孩打开柜橱门，向大家宣布康纳尔是个小毛孩儿，一个胆小的小处男。

康纳尔离开了公寓，冲下楼梯，拼命地按着手机键盘。此时已是午夜，他母亲接了电话，“哪位？”

“岩洞探险。”康纳尔答道。随后他说出了所处的地址，挂断电话，坐在路边。他父母五分钟后来了。

这是怎么回事呢？

还是在康纳尔满13岁后，一天，父母带他出去吃晚饭，并让他记住他们永远随时准备帮助他。“儿子，你知道我们关于聚会、作息时间和饮酒方面的规矩，”他父亲说，“我们希望你能遵守这些规矩。”

“但是我们也希望你知道，康纳尔，”他母亲说，“假如你去了不该去的地方……”

“也许你还难以理解。”父亲说。

“我们希望有一个能提醒你的暗语。”母亲插话道。

“还记得我们在俄克拉荷马度假时吗？你是多么喜爱在罗伯岩洞探险呀。”父亲说。

“那么，我们就用‘岩洞探险’作为我们的暗语吧。”母亲说。

“孩子，如果你给我们来电话，说出那个暗语，我们就知道你的安全有了问题，需要我们立刻赶去帮助。”父亲说。

“我们不会为你去了不该去的地方而对你大声吼叫，也不会向你问个不停，在那个特定的时间，我们只是赶过去把你接回家，你明白吗？”母亲说。

“我明白了，”康纳尔说，“我只要说‘岩洞探险’，你们就会立刻来救我。”

“没错。”

“这很酷呀。”

“这可不是允许你破坏任何规矩。”父亲提醒道。

“而是希望你能认识到，我们是你的后盾。”母亲说，“我们时刻准备着帮你，无论你做了什么，去了哪里，或者做了些什么选择，我们都会永远爱你，同我们在一起你永远是安全的。”母亲重复着，“康纳尔，我们时刻准备着帮你。”

你能想象出来，如果你儿子能确信你时刻准备着帮助他，他会多么充满安全感和自信心吗？创造一个你们两人之间的暗语会给孩子很大的信心，这可以给他以安全感。

“我为你骄傲”

§ 我妈妈很了不起，我知道自己不是学校篮球队里最好的队员，但她让我感到自己是最好的。我喜欢她来看我的比赛，她不大声嚷嚷或做出令我尴尬的事情，但一回到家，她真的很狂热。我从来没有向她承认过，她所做的让我觉得像中了百万大奖一般，我像是就要成为NBA球员似的。

——阿伦，16岁

男孩需要感到母亲在为他骄傲，他从母亲那里获得作为男子汉的自信。父亲教给他如何成为男子汉，而母亲则让他确信这点。

- 抓住一切机会让儿子知道，你是多么地为他骄傲。
- 当他做了什么好事时（无论多么微不足道），你都要赞扬他。比如，“谢谢你把碗放进了洗碗机。”你当然不必告诉他其实杯子放的位置不对。

● 教给他如何对待女士（教他为你开门，让座，帮你穿上大衣等），等他做了这些时，你要表达多么地为他的绅士举止而骄傲。

● 不要采用负面的方法来督促他做得更好。比如，不要这样说：“祝贺你科学课得了A，但你的英语和历史课也应该得A呀。”而应该如此的表达：“好啊，科学课得了A，让我们今晚为此祝贺一下吧。好好干！我想你在英语和历史课上也能得到A的，你是个聪明孩子，让我们就这样约定吧，当你达到目标时我们去吃牛排。”

● 要让他听到你在朋友和亲戚面前夸耀他。

● 制作或买些特别的卡片，用来表达作为他的母亲你有多么骄傲。

● 让他知道有他这样一个儿子是母亲的荣幸。

“我每天都为你祈祷”

§ 我父母（尤其是我妈妈）总试图搞清楚我心里是怎么想的。尽管对我来讲很难，但我还是告诉了妈妈我喜欢一个女孩，正想着邀请她去跳舞。她听到这些时继续洗着盘子，并告诉我说：挺不错的。我为什么要告诉她呢？她应该知道这件事对于我来讲特别的重要，我的意思是，她应该帮助我，我希望她能认真地为我祈祷。

——卢卡斯，15岁

当你儿子知道了你为了他的幸福而在上帝面前反复祈祷的时候，他会开始展现出健康的无人可动摇的自信心出来。

我（苏茜）在这方面非常幸运，有一份巨大的家族精神遗产。我的祖父母、父母、叔叔和姑姑们每天都为我祈祷，他们让我知道他们总在上帝面前提到我。这不仅给了我自信，并且激励我努力，好配得上这份精神传统。

由于亲戚们花了大量的时间为我祈祷，我因而不曾想到过叛逆，我想让自己配得上他们的努力。

在成长的过程中，有好几次我看到母亲在祈祷和阅读《圣经》，你意识到那对一个小孩会起到怎样的作用吗？这让我知道她与上帝的关系对她来讲有多么的重要，并且我还认识到了，为了我自己和上帝的关系，我必须承担起上帝赋予我的责任。

我还记得一个特别的夜晚，我从大学回家过圣诞节，我得了感冒，整夜睡不着觉。

在早上五点半或六点前后我去卫生间时，路过客厅，我注意到灯还亮着。当我过去关灯时，却看到父亲捧着他的《圣经》跪在沙发前，“爸爸，这么早你起来干什么呀？”我问。

“噢，亲爱的，我在为你祈祷呢，我每天早晨都在为你祈祷，”他说。我回到床上，心里充满了感激之情，我虔诚的父母每天都要为我而走进上帝的殿堂。

如今，我的哥哥已经五十多岁了，每天晚上他依然跪地为全家人祷告，他儿子也在注视着他，知道他在为他们祈祷。我哥哥在效仿父母先前的行为，如今，他成了我们这个家庭虔诚的领导者。

作为母亲，这难道不是你对自己儿子的愿望吗？你难道不希望孩子有一天成为家庭虔诚的领导者吗？那么，就让他知道你每天都在为他祈祷，这会给他的生活带来难以置信的改变。

“我永远不会放弃你”

§我生气了，溜出家门同一些朋友混在一块。这些朋友偷商店的东西被逮住了，我没偷，但由于同他们在一起，也陷入了麻烦中。的确，我也知道，这很傻。我觉得妈妈再也不会信任我了，我觉得她感到耻辱甚至不再爱我了，我真的感到对不起她，并且向她表达了歉意，但我仍觉得无法挽回她的爱。

——索耶，16岁

你儿子需要知道你永远信任他，总在期盼他拿出最好的表现，当他没达到要求时，你要对他有耐心。

你能暂时停一下，放下这本书吗？请拿起你的《圣经》在《路加福音》里读读那个浪子回头的故事。

关于永不放弃自己的儿子，这个故事提到了些什么呢？既然儿子犯了如此巨大的错误，他回来时他父亲如何对待他呢？那个父亲对儿子还有信心吗？

这个父亲永远不放弃对儿子的希望，知道自己儿子的潜力，不将注意力集中在孩子的过错上，而是帮助他发挥自己

最大的潜能。让他知道，你永远不会放弃他。

但这不能成为孩子行为不端的借口。希望你的爱能成为他不停歇的动力。你要不停地鼓励他发掘出上帝赋予他的潜力。你要成为儿子最热情的啦啦队长。

“我将帮你树立独特的个性和施展天赋的才华”

§ 我母亲真的很聪明，我猜她会觉得我在学校应该挺不错的。但其实并非这样，我总在认真地做作业，成绩虽然在平均以上，但我不具备她那样的天赋，她让我感到自己很笨。

——格雷迪，17岁

我的父母都是非常注重细节的人，追求组织性与逻辑性。我却不这样，恰恰相反，我随性而为、想入非非，做每件事情都拖得很晚。对于父母来讲，每样东西都有它固定的位置，并总应该放在那个位置上；而我每周都要丢掉钥匙、钱包或护照什么的。

他们存钱，我花钱。

他们热爱宁静的夜晚，我却想同人们一起说笑、喧闹。

母亲做事总能比计划的时间提前，她每天都做一点儿，直到整个任务完成。我却要拖到最后一分钟而不得不熬个通宵。

当他们看出我们之间的不同后，并不试图让我来适应他们的模式，而是留给我自己发展的空间。尽管母亲从不参加体育运动，她却鼓励我参加；她很喜欢听我讲同伙伴们一起滑水的故事，可她自己却很怕水。

当我抱怨无聊并提出想制造点什么后，母亲帮助我加入了一个手工俱乐部。

她不强迫我学习烹饪或待在屋内，她帮我发挥创造性，而在此方面我颇有天分。她带我去图书馆，介绍我读那些发明家的自传；她鼓励我写作、唱歌和演戏。

她鼓励我哥哥打篮球，虽然她自己从不玩篮球。她从没喜欢过野营，但为了让我们享受室外的无限乐趣，她带我们到处去野营。她害怕枪支和野兽，但她鼓励我哥哥学习如何打猎。

我父母让我自由去发挥自己的才能和天赋，当然，我需要指导，他们便介入进来指导我，尽管他们所擅长的和所感兴趣的领域与我不同。

你要发现自己儿子所擅长的地方，这往往需要一个过程。通常一个孩子并不知道自己的天赋在哪儿，他必须尝试许多不同的事情，从中发现自己的兴趣和能力所在何处。

正如我们前面所提到的那样，让你儿子尽量多参加各种各样的活动，比如：口技、骑独轮车、制作冰激凌、发明一种新的掷骰子游戏的玩法、创作电脑游戏、建一个网站、开始记博客、搭一个小树屋、给家里的车子换机油、训练动物等。

作为父母，你要愿意容忍敲鼓的声音、游泳竞赛的吵闹、拼字游戏的叫嚷、萨克斯的动静，这些都可能帮他发现自己的兴趣和天赋所在。

为什么这一点如此重要呢？因为上帝将你儿子创造成一

个独特的个体，而不是你的一份复制品。你不应该渴望他有更多的地方像你，相反，你应该欣赏他的不同之处。你应该学会尊重和欣赏他所编造的有趣的故事，应该注意他墙上涂鸦的种种细节。

当你帮助他发展独特的个性的时候，你是在帮他了解自己、相信自己，并学会如何用自己的天赋造福社会。你是否已下定了决心帮你儿子发展自己的个性、施展自己的才华了？

麦克希望的礼物

这是圣诞夜，一个愉快的时刻，一个属于家庭的时刻。但为什么我（麦克）感到如此压抑呢？为了一件事：我和母亲独守空房。

我那时17岁，我的三个哥哥和两个姐姐已经长大并离开了家，今年都无法回家过年了。至于我父亲，在我还很小的时候就弃家而去了。

事实是，我父亲是个酒鬼，而母亲从不允许有人在家里饮酒。于是，在我大概开始学骑自行车的时候，母亲给父亲下了最后通牒："要么去学会做一个合格的丈夫和父亲，要么带上你的恶习离开家庭，你不能两样都要。"

我父亲选择了他的嗜好，这个决定撕碎了我们的心，动摇了我们家庭的基础。不过，在以后的几年里，我母亲决心修补裂痕保持家庭的团结稳固。我很高兴地看到她成功了，直到今天，我的哥哥、姐姐和我都保持着牢固的关系，这是母亲一手培育的。

但在这个特别的圣诞夜，我并没有感到过节的气氛，我怀念家里过去的那种喧闹。

“唉，这要成为一个令人伤感的节日了！”我喃喃自语，靠在摇椅上闷闷不乐地盯着圣诞树。

这树真有树枝吗？我想着。我们的圣诞树上布满了许多装饰物、糖果和一串串纸花，简直看不到树枝了。

我凝神，注意到一个色彩明亮的装饰物，那是我小时候做的，我接着又看到了一些姐姐们做的彩球，母亲还都收藏着这些，我想，这树像是对我们生活的记录。

当我寻着这记录上溯，记忆开始在我的脑海中涌现，它们多是些美好的回忆。

我的眼睛停留在一个形状奇怪的古旧灯泡上，那是从外祖母处传下来的，我情不自禁地想到我母亲所建立的所有的家庭传统。她对我们的传统是那么的自豪。

我看到一个可笑的手缝的驯鹿，那是母亲缝的，它触发了我的记忆，我又看到了她长时间的做饭、清洁，尽一切可能让我们安宁。

突然，我的思绪被一股巧克力的甜香打断了，紧接着我看到了一张温暖的笑脸。

“让我们打开礼物吧，”母亲说，并递给我一杯可可奶，“我们总是在圣诞夜打开礼物，今年也不应该例外。”不等我说话，她就把一个大盒子放在了我的腿上。

“不，妈妈，还是忘了老规矩吧，”我反对道，“今年事事都不对劲儿。”

母亲扬了扬眉毛，“我却认为事事如意。”母亲说。

我摇着头，嘴里嘟囔着，而母亲继续说。

“看看你的周围，”她说，“看看你居住的地方，考虑一下你所吃到的食物，这世上的某些人，这些东西一样也没有。想想那些爱你的人们，比如你的哥哥姐姐们，他们虽然人不在这里，但我们依旧是一家，依旧是强健的一家。”

默默地，我思忖着每一件母亲提到的事情，但我少年的骄傲不允许我承认。相反，我瞪着腿上的包裹，开始轻轻地拽开丝带。当最后一片包装纸落到了地上，礼物显露了出来。

我抬起头，喘息着，“妈妈，这太贵了。”

“我是送礼的人，因此贵不贵由我来决定。”

我母亲花光了所有的积蓄买了这个礼物，这礼物多年来我谈过无数遍，但从没认为会真的获得。她给我买了一架35毫米的相机，外带各种型号的镜头。

“每个年轻记者都应该学会使用相机，不是吗？”母亲说。

我无言地坐在那里，感到自己抱着的不仅仅是一架相机，而是怀抱着自己的未来。“太迷人了。”我说，不停地抚摸着相机。

“这还有一个相机包，”母亲说，“我想明年你就能带着它去上大学了。”

笑意在我的脸上绽放，“妈妈，你真了不起，你为我们牺牲了那么多，要是没有你我们会怎样呀？会成为什么样子呀？”

突然，圣诞节不再显得空空荡荡了，从那时起，我开始用不同的眼光看待母亲；从那时起，我的生活有了更多的意义。

那一夜，我打开了其他十几岁男孩可能从不会收到的最伟大的礼物，当然，我指的不是那架昂贵的相机，而是一个只有悉心养育孩子的母亲才能给予儿子的礼物，那就是：希望。

尽管我们的生活有很多困难，母亲却尽一切所能将我塑造成一个男人，一个满怀信心准备面对世界的男人。她在我的生命里种下了信仰的种子，并点燃了我对未来的憧憬，母亲对我生命的影响是绝对无法替代的。同样，在你家里这一切也应该发生。

母亲如何影响青春期儿子的生活呢？下面是两个关键之处。

母亲培养儿子的各种能力

当我17岁时，母亲给我买了一架相机。另一回，她给我一台打字机（鼓励我写作）和一套油画工具（激发我的艺术兴趣）。她在关注我的天赋，然后寻找方法培育和发展这些天赋。同样的，母亲们在发展孩子的能力方面同她们的丈夫一起担当着重要的角色。一个母亲既是一个教练也是一个导师。

作为教练，需要传授、激发、要求、鼓励、激励和领导。好的教练能让普通人也有优异的表现；作为导师，则要指引和使自己成为孩子的楷模，这需要一个人对他人的生活怀有特殊的关怀。因而，一个导师不仅拥有传授的技巧，并且拥有传授的渴望。

请稍停一下，想想自己的儿子，这个孩子是谁？上天给

他的天赋是什么？现在想一下你要用什么方法来培养他的这些能力。

请避免犯一个常见的错误：请牢记你所培养的是你儿子自己的能力，而不是你理想中他该具备的能力。帮助儿子发现他的人生使命，然后鼓励他努力做到出类拔萃。

母亲播下信仰的种子

在《提摩太后书》中保罗写道："想到你心里无伪之信。这信是先在你外祖母罗以，和你母亲基尼心里的。我深信也在你的心里。"

提摩太的母亲（基尼）所嫁的男人对上帝的诸般情况都充满了敌意，这位父亲甚至不允许孩子行割礼。显然，基尼担负起了培养孩子信仰的全部责任，她经常为能获得自己母亲（罗以）的支持而感谢上帝，从孩提时代起，她便确保用上帝的话语来教育孩子，这使得提摩太最终成为一个虔诚的男人。

每一个虔诚的母亲对于自己的儿子来讲都是基尼，她设定了孩子心灵的基调，提供给孩子榜样，并对他加以必要的指导。

这些看似漫不经心的孩子，如今还将脏袜子扔得到处都是，却终有一天要领袖群伦（全都因为他有一个虔诚的母亲），上帝用你来塑造你儿子的个性，不管你是否认识到这点，他都会变成你所教的样子。

第 13 章

儿子需要怎样的父亲

Father Hunger and Guy Time

"前方有激流，向右划！"杰弗里冲着15岁的儿子乔纳森喊着。

"不对，爸爸，我们应该向左划。"

"儿子，听我的，"杰弗里严厉地说，"左边有大礁石和湍流，我们需要右转，赶快！"

乔纳森指着下游。"但是你看到那儿了吗？"他问，"水里有障碍物，也许是棵倒了的树。"

"我们有机会过去，"杰弗里应道，他的桨插入水中，更使劲地划动，"要是我们陷进激流里，会翻船的。"

"但是，爸爸——"

"别跟我争了，向右划，现在！"

突然，扑通！砰！

独木舟撞上了堆在河上的树枝，船开始剧烈地晃动，但没有倾覆。

过了一会儿，河水又恢复了平静。

乔纳森转过头来，对他的父亲笑着，"好的，这次是你对了。"

杰弗里同儿子击掌相庆，然后坐回到独木舟里，“我觉得我们学会了如何探险，现在让我们来处理生活中的难题吧。”

安全通道：探索青春期岁月

指导十几岁的男孩度过青春期往往像是在进行激流漂流一般，通往安全通道的关键在于：孩子要依靠父母的支持以及父母对他的训练。

几年前，杰弗里、乔纳森以及其他的十几对父子加入了我（麦克）组织的，在克罗拉州西部的为期四天的独木舟冒险活动，我们的目标是：熟悉荒野生活，培养健康的父子关系。

使独木舟稳定航行需要很多的合作与沟通，这使它成为了理想的工具，可以让父子分享冒险的乐趣并加深彼此间的感情。当男人们和男孩们回到岸上，围坐在篝火傍，一起讨论白天在河上的经历时，他们获得了极大的教益。此时，他们不自觉地抛开了平时的伪装，彼此分享内心的感受。

“我很为你骄傲，乔纳森，你今天很信任我，”一天晚上，杰弗里这样告诉儿子，“我们是一个团结的队伍。”

乔纳森笑了，拥抱了父亲，“我觉得你在那时就像个英雄，”儿子说，“我一直认为你是个英雄，虽然我从没有说出来过。”

自从进入青春期以来，14岁的乔尔第一次公开谈论自己的恐惧，“其他的孩子很残忍，”他说。

“我并没意识到在你的生活里有这么多困难，”他父亲回应道，“但我们会一起克服那些困难的，一起。”

当我坐下来看着这些父子的时候，我很快认识到：（1）男

在儿子的青春期里，父亲要帮助儿子脱离家庭的卵翼，教儿子自信地迈入成人的世界。

孩同他们所生活的世界一样丰富多样；(2) 为了成功地进入男人世界，他们需要父亲的耐心、关注和理解。

唯有父亲才能担任的角色

§ 我爸爸绝对是个英雄，他把家庭放在第一位。他在家时，会将全部注意力集中在母亲、姐姐和我身上。我得说，从爸爸那里我接到的最重要信息是："我爱你。"在我看来，他最重要的行动便是：关心我的生活，花时间同我在一起。

——希恩，18岁

§ 爸爸并不完美，但至少他在努力做我的榜样，他是我的英雄吗？有时候是，至少，我从他那里接收到两条不变的信息，那便是：他爱我；他随时准备帮助我。

——乔纳森，15岁

§ 我甚至觉得不认识我爸爸，就好像我们之间隔着一堵无形的墙。我们都很忙，很少在一起做事情，他是我心目中的英雄吗？当然不是。

——路易斯，16岁

这些都是来自男孩的真实声音，每个人都对父子关系有着不同的看法，其中哪一条同你儿子更相近呢？你孩子的父亲是他心目中的英雄吗？

尽管这些孩子的家庭背景或文化背景不同，但所有的青春期男孩都渴望能有一个成年男性来指导他（最好是孩子的父亲）。唐纳德·乔伊（Donald Joy）博士认为，男孩一生中有两个关键期需要成年男性施加影响。从男孩出生到6岁，他通过模仿父亲来演练自己男子气概；第二个关键期是男孩的青春期，父亲帮助孩子脱离家庭的卵翼。一个父亲会本能地教给他的儿子如何自信地迈入男人的世界。

“但是，假如一个男孩被他的父亲抛弃，”乔伊博士写道，“或者，如果父亲太忙，经常不在家；或者父亲是个酒鬼；或者他穷于应付自己的问题，男孩会受到很大的伤害。”[①]

成为家中的英雄

确实，你儿子可能会崇拜体育明星、歌星或是演员，但没有人可以代替父亲。深入到你儿子的内心，在三个关键的点，他需要一个充满爱心的父亲的指导、培养和强化：

- 提供一个积极的男性榜样。
- 树立孩子自我的概念。
- 塑造孩子的价值观。

不过，如果像上面路易斯所说的那样，有一堵看不见的墙挡在父子之间的话，你又能做些什么呢？下面这些方法可以帮助父亲唤醒父子间的深情，甚至可以使他成为孩子心目中的英雄。

了解打开他心灵的关键词。男孩最需要从父亲那里听到这些重要的话：“我爱你，”“我为你骄傲，”“我相信你，”“我随时准备帮你。”请父亲们用这些关键词同他沟通吧。

---

① 唐纳德·乔伊,《性别，力量与成为男人的秘密》,(Ventura, CA: Regal Books, 1990), p32.

愿意向孩子道歉。你要正视这点：没有哪个父亲可以做到完美。当父亲令儿子失望后（无论是没有信守承诺，或是情绪失控），他都应该愿意承认，并请求孩子的原谅。父亲应该记住，谦和与开放是健康良好的父子关系的基础。

每天为儿子祈祷。父亲不仅应该为儿子祈祷，而且应该同孩子一起祈祷。尽管这听起来容易，但许多家庭却都忽略了这项重要的活动。请父亲每天真诚地为孩子祈祷吧。

培养孩子的信仰。父亲应该让孩子知道，单靠自己的力量是无法战胜我们身体内的魔鬼的。上帝给每个基督徒准备了带有神圣力量的精神武器：(1) 灵魂的利剑——《圣经》；(2) 祈祷。《歌罗西书》告诉基督徒“当用各样的智慧，把基督的道理存在心里”，以及在《腓立比书》中所许诺的那样，“上帝的和平将守卫你的心灵和头脑。”帮助你的儿子坚守基督徒的职责，教他了解耶稣基督。

建立父亲形象。多数人都觉得自己知道好父亲应该是什么样的。几年前，ABC 新闻做过一项电视抽样调查，让观众排列出电视剧中最好的父亲形象。最终的结果是：比尔·考斯比（Bill Cosby）所扮演的和蔼可亲的父亲克里夫·胡克斯塔波尔（Cliff Huxbable）成为了最理想的父亲；吉米·斯图亚特[在《美丽人生》中由乔治·拜利（George Bailey）扮演]远远地落后于前者，排在第二；排在第三的是胡戈·比乌蒙特(Hugh Beaumont)[沃德·克里夫（Ward Cleaver）在《反斗小宝贝》(Leave It to Beaver）中饰演的角色]。[1]

在同一抽样中还发现，如何平衡工作与家庭的关系是父亲

① 《父亲节抽样结果》，1998年6月22日 ABC 新闻。

所面临的最大挑战。60%参加抽样的人认为：花时间同孩子在一起是为孩子所能做的最好的事情，这一结果毫不令人惊奇。

父亲需要放下报纸，搁下手头的工作，努力营造一段快乐的父子相处的时光。起先，孩子可能对待父亲像是外人一般，他可能更愿意同朋友们待在一起，他看起来好像更喜欢同朋友们在电话中没完没了的聊天，而对父亲则显得漫不经心。

但是，这些青春期的孩子比以往更需要父亲的指导，父亲应该每周至少一次同儿子单独相处：一块打篮球、散步、喝可乐，干点什么都行，不过，要保证孩子有很多机会开口讲话。还要记住这点：青春期的孩子需要你的关注，但他经常不知如何去获得关注。

还记得西恩在上面的来信中写的吧，他说：“他把家庭放在第一位。他在家时，会将全部注意力集中在母亲、姐姐和我身上。”父亲要将日常的交流处于优先的地位上。

为他喝彩。在堪萨斯城，一个烟雾缭绕灯光变幻的舞台上，一群十几岁的少年蹦跳、翻滚着表演舞蹈，他们动感十足的舞蹈将芭蕾、音乐、哑剧等多种元素揉和到了一起。

在后台，16岁的特里格外激动，他扮演主角，在为出场做着热身准备。轮到他上场了，特里在追光灯的伴随下表演着他的角色。他听到了雷鸣般的掌声。

坐在前排的是孩子最忠实的粉丝，他是孩子的父亲，他拼命地鼓掌，叫得比谁都响。

“祝你好运！”特里的父亲喊着，一边眨着眼，他低下头，轻声祈祷：“主啊，请赐给我儿子勇气和信心将事情做好吧，让他为你的荣光表演吧，而不是仅为他自己。最重要的，请让他知道他对你，对我们，有多么的珍贵。阿门。”好的父亲会努力鼓励孩子和建立他的自信心。

培养了不起的孩子

无论你的孩子是在舞台上大出风头，还是在运动场上生龙活虎，父亲都要告诉他：你是个了不起的孩子。

“青春期的孩子就像粘土，是可塑的。”保罗·斯威特斯在其书《与青春期孩子交谈的艺术》中写道：“他们突破了幼儿的模式，在思想上、感情上和行为上都进入了一个全新的、完全不同的领域。这是令人困惑而又激动的，青春期的男孩需要父母的知识与支持来度过难关。”①

父亲的赞扬是男孩能否成功进入男人世界的关键，你是否在建立孩子的自信？你是否在巩固孩子独特的个性？

为你未来的明星高声喝彩吧，请尝试：

体会他的情感。试着从你儿子的视角来看待他在学校和家里发生的事情，如果你青春期的儿子感到你并没有真正理解他或者关心他，他便不再同你交谈。但当你显然是在尽最大的努力去理解他时，你儿子同你产生共鸣的机会将会大大增加。青春期的男孩非常希望父母能同他交谈，他想确信有人能倾听他的心声，能理解他，能让他的感觉更加良好。

给予他你的祝福。耶稣是在河里接受到祝福的：“这是我的爱子，我所喜悦的。”（《马太福音》）我们从这样的认可中也能够获得极大的益处。“我为你骄傲，我爱你，我很高兴

---

① 保罗·斯威特斯（Paul Swets），《与青春期孩子交谈的艺术》（*The Art of Talking With Your Teenager*），Holbnook, MA: Adams Publishing, 1995, p16.

看到你被上帝塑造成了一个男人”。这些词语如果由父亲说出就会带有特殊的力量，甚至最坚强的男孩都承认，他们渴望听到父母的肯定。

青春期男孩需要其他男性的支持

我们已经讨论了父亲在男孩成熟过程中的重要地位，现在让我们把注意力转向另一个重要的问题：你儿子需要“男性时间”。

为了很好地了解这点，让我们跟上一队远足者到加州国家公园看看吧。这些男孩所谈论的话题，并不像寻常篝火边谈论的那样。凝视着在无尽星空下闪烁的篝火，这些年轻人的思绪脱离了烦闷的尘世，进入了生命里最为重要的问题。让我们听听这些篝火旁的对话，这些关于生命、奋斗和艰难的成人之路的对话……

“我厌倦了所有的压力，”17岁的威尔承认，“在学校，我必须在朋友面前扮出一副愚蠢的硬汉样子，尽力迎合他们认为的男人标准，而我希望的只是做我自己。”

16岁的山姆点头赞成：“没人了解我们必须忍受的这些垃圾，假如男孩显示出一点点的软弱，就会遭到嫌弃。”

这是由我（麦克）带队，为期一周的旅行的第五天，队伍里的男孩们开始彼此敞开了心扉。随着我们在篝火旁的谈话热烈地进行，年轻人的面具脱下了，他们开始彼此袒露内心深处的恐惧与挣扎。

“我同威尔有同感，我也厌倦了没完没了地演戏，”18岁的大卫说道，“如果你不装出很酷的样子，男孩们对待你就像垃圾一样。但在内心里，我们都很惊恐。我想过不一样的生活，我想像我们现在这样：互相尊重。”

在我们的旅行当中，我真切地看到了如今许多的男孩经受着情感上的以及人际关系上的煎熬，我相信，一个年轻男子的世界必是充满了孤寂和对同伴的恐惧的，他们必须附和一条残酷的“男人法则”：永远做个坚强的男人，从不暴露出软弱来，从不表露真实感情。我很快地发现，太多的男孩感到无休止的压力，因为他们要在教室里、运动场上，特别是在朋友中证明自己。

然而，我所遇到的男孩都表达了想要改变的渴望。

他们迫切需要家庭的支持，并盼望被同伴们接纳，用大卫的话说便是，“我想得到尊重。”

怎么做可以培养你的孩子建立起同朋友与家庭的真挚感情呢？怎样做能够增强儿子的自信心，帮助他像一个真正的男人那样生活呢？

以下是这些男孩所提到的两个建议：

联络感情

“男人需要其他男人。”威尔说，“我们需要一帮兄弟，这样就可以向这些值得信赖的男人吐露内心的秘密，而不担心受到评判。这正是我在此次旅行中所获得的，也是在家里所一直寻找的。”

你能做的是：帮助你儿子建立轻松的场所，在那里他不会感觉到羞愧，在那里他可以自由地释放真情——去笑、去哭、去分享内心的一切。

同自己的父亲和平相处

“有些话我特想听到爸爸对我讲，比如：‘我爱你，’‘我为你骄傲，’‘我相信你，’”山姆说，“但他几年前就死了，我现在找到了一个年长的朋友（其实是我的牧师），他对我说了这些话。但是，如果我爸爸还活着，我会尽一切努力同他维持良好关系的。”

你能做的是：在帮助男孩成长为男人的过程中，父亲的重要性显而易见。无论你同孩子的关系是紧张还是融洽，你都要积极主动地与孩子沟通，要让他知道他在你心中的分量，告诉孩子你对他有怎样的期望。

但是，对于那些父亲不在身边的孩子来讲，母亲们应该参考山姆的建议，找一个可以替代父亲的人。

第 14 章

如何帮孩子克服不良嗜好？

Wired for Risks?

如同你知道的那样，男孩们所成长的这个社会充斥着物欲、性乱、暴力、毒品、抑郁和绝望。每天，他们都被各种混杂的信息轰炸着，他们迷惑而无所适从。

这里有个例子：18岁的克里斯受到了毒品的诱惑，但引诱他的人却非比寻常——是他的一个老师。在北加州的一所公立学校里，克里斯在最后一个学期参加了一个美术班的采风之旅，参观了位于圣琼斯的一家知名的图形设计公司。许多同学都自己驾车前往，而克里斯和其他四名同学则挤进了带队老师的皮卡车后斗里。

这是一次令人激动的旅行，他和新朋友们在皮卡的后斗里一起说说笑笑。突然，他们的老师摇下了车窗，递过来一根冒着烟的像烟斗一样的东西。它散发着甜丝丝的奇怪味道，克里斯不知那是什么。老师解释道："这可以让旅行变得快一些。"

他们中的一个学生带着迷惑的表情看着烟斗，然后说，"大麻？！老师在吸毒？"

没做任何犹豫，他把烟斗递给克里斯，"不，谢谢，"克里斯说，“我不吸毒。”他尴尬地把烟斗递给了下一名学生。

烟斗在所有学生中传递了一圈，没有人吸上一口，一个女孩将它递回给了老师。

老师有一点点迷惑不解，或许还有一点吸毒后的迷幻，他把头探出来怒气冲冲地瞪着他们，“你们都怎么啦！”他抱怨道：“你们都是高中生了！难道没人知道聚会是怎么回事？”

如今，克里斯万幸自己没有掉入陷阱，当然，他有些朋友便没那么明智了，许多孩子背弃了自己的信仰，做出了疯狂和危险的选择。

下面，让我们看看青春期的孩子必须面对的一些诱惑吧。

赌 博

§ 我和一些男孩玩扑克游戏，并把钞票码成一行让游戏更加刺激。我承认，用这种方法挣点零花钱挺有趣的。（我总是赢！）这又有什么害处呢？这是在比赛牌技，没人会受到伤害，我们也没人上瘾，也没打算去拉斯维加斯的赌场。

——曼纽尔，17岁

赌博成瘾往往始于对体育比赛的赌博下注，一旦你儿子开始赢钱，他就迫不及待地想要一赢再赢，当他把越来越多的钱投入到其他的赌博中时，他的赌瘾就加深了。

许多家长在想到赌博时，往往以为是赛马或其他公开进行的活动。但是通过互联网，男孩们可以足不出户地将全部大学学费输光。（这是要将你家的电脑放在客厅里的另

“坏孩子”的形象经常会令一个男孩着迷，通过吸烟他可以体会这样的感觉。越是被禁止，便越能激起尝试的渴望。

一个理由。）

可悲的是，许多家庭认识到这个问题时太晚了，儿子由于赌博成瘾已经透支了家里的信用卡。孩子们从媒体上获得的信息是相互矛盾的，电影和电视剧将赌博描绘得很有趣，许多人看扑克比赛上了瘾，整小时地看那些职业赌博赛。我看到一些议员在电视上鼓励大家买彩票，说这样有助于经济发展！但是，同那些家里有孩子赌博成瘾的家长谈一下你就会知道，赌博的毁坏力有多么强大。

你如何知道自己的儿子是否赌博成瘾呢？可以考虑一下以下这些问题：

- 他是否正迷恋于赌博？（他是否总想法弄到钱去赌博？他是否重温过去赌博的经验？他是否在计划着下一次的赌博活动？）
- 他是否总缺钱？
- 他是否需要不断增大赌博的金额才觉得够刺激？
- 他是否显出注意力不集中？
- 他是否反复尝试控制、减少或停止赌博，但不能奏效？
- 他是否在用赌博作为逃避问题的方法？
- 他是否有一些偷偷摸摸的举止行为？

你该做什么

你应该直截了当地同你儿子交涉，不客气地问他是否参与了赌博，或者他知道哪些人参与了赌博。我们建议你去寻求专业咨询师的帮助。

窒　息

§ 我看到一些朋友玩窒息游戏，那看起来真的很傻，我自己不会去试的。但是，那些玩过窒息的人看起来像是喝醉了似的，他们说感觉真的很酷。他们那样做是为了找刺激。

——查理，14岁

这种游戏也被称为是“昏迷游戏”。到底怎么玩呢？用手或绳套勒紧自己或别人的脖子，以体验短暂的亢奋状态。男孩们描绘那种感觉像梦幻一般，非常酷。游戏的关键是要及时地停止，否则就危险了。不幸的是，很多孩子因窒息而死亡了。用来做绳套的材料很多，可以是T恤、蹦极用的绳索、围巾、皮带或拴狗的绳套。

这种游戏简单廉价，许多青春期的孩子在聚会时玩这种游戏。由于窒息导致大脑缺氧，他们希望这样能带来刺激的眩晕感。很不幸，很多网站都在劝诱孩子们尝试这种游戏，并说保证能带给他们从未体验过的好感觉。参与这种游戏的男孩要比女孩多。

你怎么才能知道你儿子是否在玩这样的危险游戏呢？你可以注意下面这些迹象：

- 他谈论这种游戏。
- 你发现门上或家具上缠有皮带或围巾，或者地板上有大个的绳套。
- 他屋里有一些不寻常的东西，比如：当家里没养狗时却出现拴狗的绳套，蹦极绳索，领子一样的布条等。

- 在同朋友一起离开屋子时，他显得虚弱、疲惫。
- 你能在他脖子上发现勒痕。
- 他头疼、嗓音沙哑，或者双眼充血。

你该做什么

如同面对孩子赌博时那样，你要直接面对孩子，不客气地问他是否参与了这样的游戏，或者他知道哪些人参与了这种游戏。并且我们建议你去寻求专业咨询师的帮助。

性短信

§ 我告诉你最近我做的一件蠢事，我不清楚自己在想什么，也不知为什么要那样做？我用手机拍了一些自己的裸体照，然后问我的女友（现在已经不是了），当她在教堂时我能否发给她？我真为自己感到羞耻，因为我万万想不到自己会想干这样的事。但我竟打算……我是个基督徒，这算不算亵渎神灵？我相信上帝是不愿让我在教堂干这种事的，谢天谢地，这事儿最终没有发生。那周她没上教堂，如果她去了，我还是想给她看。在我看来，这样想同真正做了没什么区别，一样的坏。自那以后我多次祈祷上帝宽恕我，我真的感到万分惊恐，只要想到这件事我就开始胃疼。我害怕极了，我会为此下地狱吗？

——里克，16岁

集青少年的性冲动与通讯科技为一体，媒体将之称为“性短信”。性短信的定义是利用手机短信传递明显含有性内容的文字或艳照。根据国家防止青少年意外怀孕组织的调查，每五个青春期少年便有一个尝试过性短信，其中最小的只有13岁。一些孩子甚至拍摄自己进行性活动的录像，然后通过手机将录像传送给同伴。像里克在上面邮件中写的那样，教区里的孩子也不能幸免。

更有甚者，许多男孩所收到的性短信是来自女孩的。为什么我们的儿子（还有女儿）会干这种事呢？恐怕多数父母都难以理解。

米歇尔·马洛伊（Michael Malloy）是纳什维尔州有关男性性问题的专家和治疗师，他解释说：许多男孩这样做是为了寻求刺激，或体会同朋友们一起冒险的感觉。“它让我想起70年代的飚车游戏，”米歇尔说道，“我认为，如果家长撞到孩子在干这种事，不必担心孩子一定是变态。不过，父母一定要重视这种行为，必须制止它。”①

青春期的孩子参与这样的活动，就可能在不经意间制作和传播儿童色情影像！发色情短信的人很可能违反联邦有关儿童色情物方面的法律，这些法律规定：制作、传播、拥有或者从儿童色情物中牟利都属于轻罪行为。

“这种危险的行为很可能会以某种方式伤及参与者。”米歇尔说，“它可能给每个参与者带来心理伤痕，它可能在孩子心中留下羞耻感，它可能毁掉孩子的大好前程，特别是在求学和就业方面。”

---

① 2009年6月迈克尔·马洛伊接受采访。

你该做什么

检查他的手机，然后一起坐下来向他解释如下事实：

● 发色情短信是一种犯罪行为。

● 如果男孩犯了这样的罪，他可能面临牢狱之灾，并留下性侵犯者的案底。

● 他发送给一个同伴的图片能传递给其他的手机，可能引来尴尬和羞辱。

● 一旦个人的性暴露照片传到上网，这图片就可能出现在任何人的电脑上，在全世界传播。

● 色情短信会给那些有恋童癖的人可乘之机。

吸　烟

§ 我在成为基督徒前便开始吸烟了，如今我发现戒烟极其的困难。坦白讲，吸烟让我感到很是享受，我知道这不健康，但作为基督徒允许吸烟吗？

——欧文，18岁

美国肺健康协会估计：每天有6000名18岁以下的儿童开始吸他们人生中的第一支烟，在这6000人中，有2000人将成为烟民。青少年吸烟率持续攀升已变得令人担忧，大约90%的成年吸烟者开始吸烟时的年龄都在21岁以下。[①]

---

① “美国肺健康协会”（American Lung Association），*www.lungusa.org*.

吸烟所引起的一个巨大问题是：尼古丁可以引起其他有害物质的滥用。为什么呢？青少年喜欢模仿“坏孩子”那般的做派，“坏孩子”的形象经常令一个男孩着迷。通过吸烟他可以体会这样的感觉，越是被禁止，便越能激起许多青春期孩子尝试的渴望。问题是当他开始接触香烟后，他很快就会上瘾。

一些孩子吸烟是因为他们以为吸烟能让他们显得老成和智慧；另一些孩子则觉得吸烟很酷。在大多数学校里，吸烟者聚集在特定的一个区域里，那个地方成为了他们的领地，他们有了彼此一家人的感觉，许多孩子喜欢这种感觉。

许多人喜欢吸烟所带来的愉悦感，作为兴奋物，尼古丁刺激人的大脑、身体和神经。当身体开始习惯尼古丁后，为了维持身体的正常功能，对尼古丁的需求会越来越多，这种依赖便是成瘾。

如果你怀疑自己儿子暗中已有了吸烟的习惯，你可以留意以下这些吸烟孩子常见的特征：

- 他们经常在学校表现不佳。
- 他们觉得自己不属于学校的一部分。
- 他们感到被其他学生孤立了。
- 他们在运动中不能有良好表现。
- 他们觉得进入大学的希望渺茫。
- 他们在校有逃课现象。
- 他们开始服用其他的违禁品。
- 他们在家庭和学校中承受着压力，用烟草缓解压力。

你该做什么

用榜样加以引导是防止自我毁灭行为（比如吸烟等）最有效的方法。你是个好的榜样吗？你是否奉行“言出必行”的格言？如果你本人也在吸烟，那就戒烟吧，你儿子效仿你的可能性非常大。

医学专家一致赞成，戒烟的最好方法是体验戒除时的痛苦经历。你可以用积极的活动（锻炼或某种爱好）来帮助孩子戒除吸烟或吸食其他物质。我们建议你向专业人士进行咨询。

毒　品

§ 我住的地方许多孩子都吸大麻，我也试过，老实讲，我挺喜欢的。基督徒这样做难道真的不对吗？难道上帝不是在《创世纪》（*Genesis*）里说，可以吃地上的所有种子吗？

——山姆，15岁

当提到滥用毒品时，男孩们常常是同世界上其他人一样：既好奇又困惑。事实上，科罗拉多大学的研究者们在全美中学中调查了1万4千名学生，得到了一个令人警觉的发现：毒品问题同样困扰着那些常参加教堂活动的学生。

比如，当被问到是否接触过大麻时，在不参加教堂活动的学生中给予肯定回答的占47%，在参加教堂活动的学生中给予肯定回答的占38%；当被问及饮酒时，在参加教堂活动的学生中有88%的人经常饮用啤酒，这一数字在参加教堂活动的学生中是80%。

那么哪些人吸毒的风险最大呢？是青春期的男孩。那些接触过毒品的男孩们往往并不明白，即使偶尔为之也会造成灾难性后果：

- 他们打破了使用违禁品的界限，走上了寻找并尝试更厉害更具毁灭性毒品的道路。
- 他们的所作所为要向父母和家人保密，而这往往是一系列错误的开始。

你该做什么

告诉他事实。“我只试过一次，我不会受害的，不会上瘾的。”这是一个长久存在的谎言，帮你儿子明白：毒品可以致人死地。告诉他：“刺激固然可以让你快活一时，但毒品会毒害你的身体，服用的太多，或持续服用，都可令你的身体垮掉，令你死亡。”

鼓励你的儿子永远也不沾染。抵御毒品的最好方法是避免碰它们，他永远也不应屈从于压力，一次也不。

告诉他《圣经》对此的看法。“情欲的事，都是显而易见的。就如奸淫、污秽、邪荡、拜偶像、邪术、仇恨、竞争、忌恨、恼怒、结党、纷争、异端、嫉妒、醉酒、荒诞等类，我从前告诉你们，现在又告诉你们，行这样事的人，必不能承受神的国。”（《加拉太书》）其中的“邪术”便指毒品，在其他许多片段中,《圣经》将醉酒称为一种罪恶。

防止种种不良行为

要让孩子认识到,对抗压力是他每天都要面对的任务。

你要了解儿子在和什么人交朋友,他们娱乐自己的方式是什么。鼓励孩子多参加学校与集体的活动。为了防止孩子落入不良行为的圈套,应该培养他强烈的自尊心,并让孩子终日忙碌个不停。

第 15 章

您能原谅我吗？

Can you forgive me?

作为父母，你是否尽到了责任，我们不是说你儿子的叛逆全是由你的教养失当所致，如果你这样认为，那么你一定会相信所有的人类行为都是受外界影响的左右。但我们认为这是不对的，行为受到基因和环境的影响，它也是人类意志和选择的结果。如果你的儿子拒绝基督教，这个选择是他自己做出的。

自责与道歉

很多父母依然为孩子的叛逆而自责。请不要自责，也许有些事情你可能做得欠妥，但你儿子是自己做出的选择，并要为自己的选择负责。

在为此祈祷以后，如果你感到有什么事需要寻求你儿子的原谅的话，上帝会给你力量去做。在我们谦卑地寻求原谅后，旧痕往往被修复。

我（苏茜）的父母教给我和哥哥在道歉时要说“你能原谅我吗？”，而不是说“对不起”。我很高兴他们教了我这一课，如今，作为一个成年人，当我需要请求别人的原谅时，我做起来就轻松了许多，因为我从来都是这样做的。

想一下：如果你真诚地对某事道歉，并把那份歉意用语言和行动来表达，“对不起”往往是不够的，它显得过于随意和敷衍。

为什么对不起呢？由于你让别人处于窘境而对不起？由于其他人误解了你的原意而对不起？或者为做错的事而对不起？

但是，当你说“你能原谅我吗”时，你就谦卑地靠近别人，真诚地表达自己的悔恨。

在你犯错误的时候是否总能主动寻求你儿子的原谅？

做做以下这些测验题，看看你在寻求原谅方面处于什么样的情况。

1. 当我做错了事情，

a）我最先承认；

b）要经过一番说服才能让我承认错误；

c）我很少承认错误；

d）我倾向于指责他人。

2. 当有人向我道歉时，

a）它增加了我对此人的尊敬；

b）我视道歉是一种软弱；

c）我觉得他早该道歉了；

d）我感到非常不自在。

3. 我如何判断某人的道歉是真诚的，

尽管孩子拒绝了你对他的关爱，你仍要不断地表达对他的关心。

a）当他的行为不是老一套时；

b）只看他是否哭了；

c）当他说的话很漂亮时；

d）通过他的语调判断。

4. 当我需要道歉的时候，

a）我做起来既真诚又心甘情愿；

b）被我冒犯的人通常得暗示我，或者直接要求我道歉；

c）我试图敷衍，希望这件事能不了了之；

d）我内心斗争得很激烈。

5. 当有人请求我原谅时，

a）我认为他是真诚地悔过；

b）我认为他想必是犯了大错；

c）我认定他过于夸张了；

d）我答应他的请求。

当我们忏悔我们的罪孽请求基督原谅时，我们不会只是简单地说："很抱歉，很抱歉我的罪孽使你被钉上了十字架，很抱歉我伤了你的心。"

在希腊语中（《旧约》最初就是用这种语言写成的），忏悔意味着彻底地洗心革面。

当我们请求上帝宽恕时，我们真心想说的是，"哦，亲爱的主啊！我万分悲痛，我犯下了罪孽，伤了你的心，我为自己的不服从万分悔恨，你会宽恕我吗？我现在已完全悔过了，在你的帮助下，我将重新明确我的责任，我将永不再走老路"。

这才是真正的忏悔。

这是真心悔过之人的心灵的哭喊。

当你向某人道歉或寻求他的原谅时，希望你不要只是简单地嘴里说说而已，你要真正地摒弃自己的错误。

这才是道歉!

父母们，请你们现在就祈求上帝，让他警醒你们，让你们想起需要请求主和你们儿子原谅的事情。

要做些什么

当你儿子拒绝基督教时，我们要牢牢地把握住几个关键问题。

无条件地爱他。上帝从未停止爱你的儿子，你能同样做到吗？尽管孩子拒绝了你所珍视的东西，你仍要不断地表达你对他的关心。请不断地告诉他你爱他，让他知道你每天都在为他祈祷。但是要记住，你对孩子的爱并不是溺爱，而是要以爱来引导和管教他，正如《箴言》(*Proverbs*)所言，“不忍用杖打儿子的，是恨恶他。疼爱儿子的，随时管教”。无条件的爱不是软绵绵的，它是强劲的。

允许持有异议。对你的信仰闭口不谈当然是个简单的办法，但请你抵制住这样的想法。你应该继续同孩子分享你的观点，并聆听他的想法，要容忍异议的存在。

提出明确的要求。只要他和你住在一起，就应要求他尊敬和遵守家里的规矩，这包括：作息时间、分担汽油费、做家务、按时上课、行为举止、服装选择等。

必要时采取某些强制措施。孩子认为是理所应当的很多事情却是不折不扣的额外特权，比如拥有手机，看电视，使用汽车等，如果孩子破坏了家规，你可以取消他的某项特权。

永不放弃。我听说过一个十几岁男孩的故事，他讨厌去教堂，不过，他同意每周同父亲读一章《圣经》，到他上高中时，他们已经一起读完了整部《新约》，上帝的话语开始植根在他的心中。

上帝是不会让你为儿子的所有行为负责的，你需要承担责任的是选择用什么样的方式去做父母。请无条件地爱孩子，但你应该毫不动摇地坚持自己的要求：孩子要长成一个负责任的成熟的男人。

结语　让我们祈祷！

我（麦克）满心怀疑地盯着自己的目标——一面高40英尺的墙。我感到自己对此还毫无准备，这是发疯，我对自己说，我爬不上去，墙太光滑了，太陡了。

那时，我正带领一个基督教家庭夏令营在犹他州参加“今日的挑战”活动，当天的内容是丈量一堵废弃的沙岩墙。

我们的教练感觉到了我的迟疑，他拍拍我的背，带着微笑说道：“我保证，你已经准备好了，我们来一起复习一下。现在回想一下每个步骤，要有信心。绳子会保护你的。”

当我刚刚唤起一点点勇气，现实却给了我一个打击。

爬在我前面的是18岁的托德，在攀爬特别难的一段墙时突然失手了，他吊在空中无助地荡来荡去，他手脚乱刨，看得我不禁手脚发软。但是我马上记起教练的忠告：绳子会保护你的。

绳子会起作用的！我告诉自己，托德没事！

连在托德腰间的尼龙绳起了作用，他恢复了平衡，也恢复了信心，最终他爬到了墙的顶部。

“我学得相当快，但后来失手了，”托德事后说道，“我头晕目眩，感到好像坚持不住了。我猜自己第一次是爬得太急了，我的教训是：听教练的指挥，事先做好计划，不要贪多求快。”

无论对于攀岩还是对于生活来讲，这是多么有利的一课呀！

看着托德从岩壁上滑下是很惊心的，肾上腺在我的每根血管里涌动（我无法想象他的感觉），但是，当这个年轻人挣扎着恢复平衡，最终回到正轨时，他并不孤单，许多家长都在为他祈祷：

“主呀，请保护托德。”

“主呀，请现在就给他力量吧。”

“主呀，帮他脱离困境吧。”

“哦，上帝，让托德爬到顶吧。”

后来，当他通过了考验后，我听到一段他同另一个男孩子的对话：“我很害怕，但知道其他人在为我祈祷对我帮助很大，这感觉非常好，队伍中的所有大人都关心我，为我祈祷。”

祈祷是强有力的，上帝通过它来改变人们的生活，他也会同样赐福给你的儿子。但是，你为你儿子定时地祈祷吗？你同他一起祈祷吗？

在你放下这本书之前，我们再给你一次挑战：在家里，把祈祷置于优先的地位。想一想，你是在为希望、为信仰、为医治你的家庭而祷告。我们也收录了道格拉斯·麦克阿瑟将军给他儿子的著名祷告词：

道格拉斯·麦克阿瑟将军为其子所做的祈祷

主啊，给我一个这样的儿子吧，他坚强得足以知道自己何时软弱，他在害怕时有足够的勇气面对自己；他胜不骄，败不馁。

给我一个这样的儿子吧，他不以愿望代替德行，他知道自己是知识的基石。

我祈祷，不要让他舒适与安逸，要让他经受压力与困难的挑战。让他学会在风暴中屹立，让他学会对失败者抱以同情。

给我一个这样的儿子吧，他心明而志远，在驾御他人之前先驾御自己。他面向未来又不忘却过去，他有足够的幽默感，既认真又不拘泥。

我祷告，赐他以谦卑，使他记住：简明是真正的伟大，头脑开放是真正的智慧，温良是真正的力量。

有了这样的儿子，我终敢轻声低语：“不枉此生。”阿门！